高等职业教育汽车类专业活页式新形态创新教材

智能汽车传感器技术与应用

张 军 孟祥文 编著

机械工业出版社

本教材编写的主要目的是培养高职高专和职业本科院校汽车电子技术、汽车运用与维修技术专业和汽车服务工程专业的学生或者中高职衔接的学生，掌握智能汽车传感器技术和对传感器进行标定、检测等知识和技能。本教材采用模块教学、工单引领、任务驱动的方式，对智能汽车传感器的结构、工作原理、检测与维修方法等内容按照学生的认知规律进行教学，以便学生融会贯通。

本教材共分9个模块，包括位置与角度、温度、流量、压力、浓度、转速、爆燃与碰撞、视觉、转向力矩等传感器技术与应用。

本教材适合应用型本科院校、高职院校汽车相关专业教师、学生使用，也可作为汽车生产企业、售后服务企业等专业技术人员的培训教材。

图书在版编目（CIP）数据

智能汽车传感器技术与应用 / 张军，孟祥文编著. —北京：机械工业出版社，2024.5

高等职业教育汽车类专业活页式新形态创新教材

ISBN 978-7-111-75709-2

Ⅰ. ①智… Ⅱ. ①张… ②孟… Ⅲ. ①智能控制-汽车-传感器-高等职业教育-教材 Ⅳ. ①U463.6

中国国家版本馆CIP数据核字（2024）第086176号

机械工业出版社（北京市百万庄大街22号　邮政编码100037）
策划编辑：母云红　　　　　责任编辑：母云红
责任校对：王荣庆　宋　安　封面设计：张　静
责任印制：刘　媛
北京中科印刷有限公司印刷
2024年8月第1版第1次印刷
184mm×260mm・12.5印张・260千字
标准书号：ISBN 978-7-111-75709-2
定价：49.90元

电话服务　　　　　　　　网络服务
客服电话：010-88361066　机　工　官　网：www.cmpbook.com
　　　　　010-88379833　机　工　官　博：weibo.com/cmp1952
　　　　　010-68326294　金　书　网：www.golden-book.com
封底无防伪标均为盗版　　机工教育服务网：www.cmpedu.com

前　言

随着我国汽车工业的不断发展，"智能化、电动化、网络化、共享化"已经成为我国向汽车制造强国迈进的发展目标，现阶段我国汽车制造业正处于从自动化向着数字化、智能化为核心的新一轮产业升级阶段。2020年2月，国家发展改革委等11部委联合发布《智能汽车创新发展战略》，明确提出建设中国标准智能汽车和实现智能汽车强国的战略目标，以及构建协同开放的技术创新体系、跨界融合的产业生态体系、先进完备的基础设施体系、系统完善的法规标准体系、科学规范的产品监管体系、全面高效的网络安全体系六大重点任务，对我国智能网联汽车未来发展做出全面部署和系统谋划。目前，汽车产品形态和生产方式发生深度变革，汽车产品加快向新能源、轻量化、智能和网联的方向发展。智能汽车离不开先进的传感技术，因此掌握不同传感器的结构、工作原理及标定、检测、拆装、故障诊断的方法至关重要。

本教材是"手册+工单式"教材，教学内容为智能汽车常用传感器的基础知识，是学生从事相关工作必备的基础知识，难度适中，适用于高职高专和职业本科院校汽车电子技术、汽车运用与维修技术专业和汽车服务工程专业的学生或者中高职衔接的学生。本教材采用任务驱动、问题导向、工单引领的教学模式，将知识技能融于工作过程中，并将素质培养贯穿于整个工作过程，使学生成为具有家国情怀，爱专业，善于沟通交流，遵纪守法，节能环保，具有高尚品德、健全人格，全面发展的高素质技术技能人才。本教材内容包括智能汽车传感器认知，位置、角度传感器技术与应用，汽车温度传感器技术与应用，流量传感器技术与应用、压力传感器技术与应用，浓度传感器技术与应用，转速传感器技术与应用，爆燃与碰撞传感器技术与应用和其他传感器技术与应用等内容。

本教材有以下编写特点。

（1）构建模块化教材　按照能级递进的人才培养规律，本教材由初级到高级，由易到难，将全书内容分为9个模块、37个任务，注重学生"做中学"，从"做"中发现问题、分析问题、解决问题，注重发展学生能力。

（2）实现课证融通　依据国家标准、行业标准，本教材融入"1+X"证书考核标准，在各个模块总结出"1+X"证书考核点和考核等级，有机融入"1+X"证书考核内容中"智能汽车"控制有关内容，体现课证融通的职教特点。

（3）融入课程思政　本教材贯彻党的二十大精神，把养成严谨、细致、认真的工匠精神，树立安全意识、规则意识、质量意识、信息素养、法律法规意识、安全环保意识等融入教材的培养目标；把智能汽车电机转子位置传感器、视觉传感器等先进传感器技术融入教材，鼓励学生树立独立自主、自力更生精神；把激发学生爱国主义、民族自豪感等思政元素有机融入学习任务；优化实践育人方式，以任务为载体，将安全教育、劳动精神、工匠精神等贯穿于整个教材的编写全过程，引导学生怀匠心、树匠德、练匠技、做匠人。

（4）教材资源丰富　每个模块都配有课件、各种车型维修手册、电路图等数字资源，全书二维码总码见下，学生可通过扫描二维码观看，方便自主学习。每个任务中都有相应工作表和参考信息，供学生学习使用。

本教材由长春汽车职业技术大学张军教授和孟祥文编著，由于编者水平有限，本教材介绍的诊断流程、测试数据可能有遗漏，希望读者能提出改进意见，在此表示感谢。

编　者

数字资源总码

目 录

前　言

模块一　智能汽车传感器认知

任务一　传感器的定义与组成　…001
任务二　传感器的类别及传感器信号的认知　…004
任务三　汽车传感器的检测　…008

模块二　位置、角度传感器技术与应用

任务一　位置、角度传感器的基本认知　…014
任务二　节气门位置传感器技术与应用　…017
任务三　凸轮轴位置传感器技术与应用　…026
任务四　转向盘转角传感器技术与应用　…034
任务五　液位传感器技术与应用　…039
任务六　汽车车身高度传感器、水平位置传感器技术与应用　…044
任务七　汽车超声波传感器、毫米波雷达、激光雷达技术与应用　…049

模块三　汽车温度传感器技术与应用

任务一　汽车温度传感器认知　…060
任务二　汽车发动机冷却液温度传感器技术与应用　…063
任务三　汽车空调温度传感器技术与应用　…068
任务四　排气温度、EGR 系统监测温度传感器技术与应用　…074
任务五　混合动力蓄电池温度传感器技术与应用　…078
任务六　热敏铁氧体式温度传感器技术与应用　…081

模块四　流量传感器技术与应用

任务一　热线式空气流量传感器技术与应用　…084

任务二　热膜式空气流量传感器技术与应用 ... 088
任务三　叶片式空气流量传感器技术与应用 ... 092
任务四　液体流量传感器技术与应用 ... 097

模块五　压力传感器技术与应用

任务一　进气压力传感器技术与应用 ... 101
任务二　轮胎压力传感器技术与应用 ... 105
任务三　制动压力传感器技术与应用 ... 111
任务四　制冷剂压力传感器技术与应用 ... 114

模块六　浓度传感器技术与应用

任务一　氧传感器技术与应用 ... 118
任务二　氮氧化物传感器技术与应用 ... 127
任务三　空气质量传感器技术与应用 ... 130

模块七　转速传感器技术与应用

任务一　曲轴转速传感器技术与应用 ... 134
任务二　轮速传感器技术与应用 ... 142
任务三　电机转子位置传感器技术与应用 ... 149

模块八　爆燃与碰撞传感器技术与应用

任务一　爆燃传感器技术与应用 ... 154
任务二　碰撞传感器技术与应用 ... 160

模块九　其他传感器技术与应用

任务一　视觉传感器技术与应用 ... 167
任务二　日照传感器技术与应用 ... 172
任务三　雨量和光线识别传感器技术与应用 ... 175
任务四　转向力矩传感器技术与应用 ... 178
任务五　座椅占用识别传感器与安全带拉紧力传感器技术与应用 ... 187

模块一

智能汽车传感器认知

任务一　传感器的定义与组成

一、任务信息

任务难度（1+X）	中级	推荐学时	1
案例导入	要完成汽车电气系统故障诊断，首先要了解车辆上所安装各种传感器的定义、作用。通过本任务的学习，使学生熟悉车辆上传感器的定义及作用		
能力目标	素养	1. 强化安全意识、环保意识、法律意识 2. 养成良好的团队合作意识，树立以客户为中心、敬客经营的职业精神 3. 养成学生技能报国、技能兴国的理念及科技报国的家国情怀和使命担当	
	知识	1. 了解传感器的定义 2. 了解传感器的作用 3. 了解传感器的组成	
	技能	1. 描述传感器定义 2. 说出传感器的作用 3. 说出传感器组成	

二、任务准备

本任务实施所需教学课件及维修手册请扫描二维码。

三、任务实施

根据能力素养培养要求，以提出问题、分析问题、解决问题为导向，完成以下工作任务，并填写下列工作表。

工作表	传感器定义
1. 什么是传感器？	
2. 传感器的作用是什么？	
3. 传感器是如何组成的？	

四、参考信息

1. 定义

传感器是指能感受规定的被测量件并按照一定的规律转换成可用信号的器件或装置。传感器作为一种检测装置，能感受到被测量的信息，并能将感受到的信息按一定规律变化成电信号或其他所需形式的信息输出，以满足信息的传输、处理、存储、显示、记录和控制等要求。传感器是实现自动检测和自动控制不可缺少的装置。

汽车传感器作为汽车的"感觉器官"，将各种输入参量转换为电信号，并将这些电信号传输给电控单元，从而实现电子控制。

2. 作用

传感器的作用是采集和传输信息，由电控单元对信息进行处理后向执行器发出指令，实现电子控制。传感器在电子控制和自我诊断系统中是必不可少的装置，它能及时识别外界的变化和系统本身的变化，并根据变化的信息去控制系统执行器的工作。各个系统控制过程中依靠传感器进行信息的反馈，从而实现自动闭环控制。

3. 组成

传感器由敏感元件、信号转换元件、转换电路和辅助电路及其他辅助元件组成，如图 1-1-1 所示。

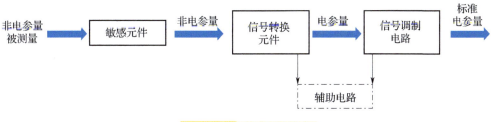

图 1-1-1　传感器的组成

1）敏感元件是指直接感受被测量（一般为非电量），并输出与被测量有确定关系的其他量（一般为电量）的元件。如应变式压力传感器的弹性膜片就是敏感元件，作用是将压力转换成弹性膜片的变形。

2）信号转换元件是指传感器中能将敏感元件感受或响应到的被测量转换成适于传输或测量的可用输出信号（一般为电信号）的部分。

3）信号调制电路是指把转换元件输出的电信号转换为便于显示、记录、处理和控制的有用电信号的电路。

4）辅助电路通常指电源，即交、直流供电系统。

五、参考资料

序号	书名、材料名称	出版单位
1	汽车传感器从入门到精通	化学工业出版社
2	汽车传感器检测与维修快速入门 60 天	机械工业出版社

🔾 学生笔记

任务二　传感器的类别及传感器信号的认知

一、任务信息

任务难度（1+X）	中级	推荐学时	2
案例导入	一辆大众新能源混合动力迈腾轿车（GTE），发动机冷却液温度传感器出现故障，要求维修人员诊断故障。首先要求学员熟悉车辆上所安装各种传感器的位置、作用			
能力目标	素养	1. 强化安全意识、环保意识、法律意识 2. 养成良好的团队合作意识，树立以客户为中心、敬客经营的职业精神 3. 养成学生技能报国、技能兴国的理念		
	知识	1. 了解汽车传感器的定义 2. 了解传感器的作用 3. 了解传感器的组成		
	技能	1. 能够描述传感器定义 2. 能够熟练说出传感器的作用		

二、任务准备

本任务实施所需教学课件请扫描二维码。

三、任务实施

根据能力素养培养要求，以提出问题、分析问题、解决问题为导向，完成以下工作任务，并填写下列工作表。

工作表	传感器的类别及传感器信号
1. 简述传感器的类别。	
2. 数字信号：	
3. 占空比：	
4. 电源电压为 12V，占空比为 30%，求平均电压 $U_{平均}$。	
5. 模拟信号：	

四、参考信息

1. 传感器种类

汽车用传感器种类繁多,一种被测参数可用多种类型的传感器测量,同一种传感器往往也可以测量多种被测参数。传感器类别如图1-2-1所示。

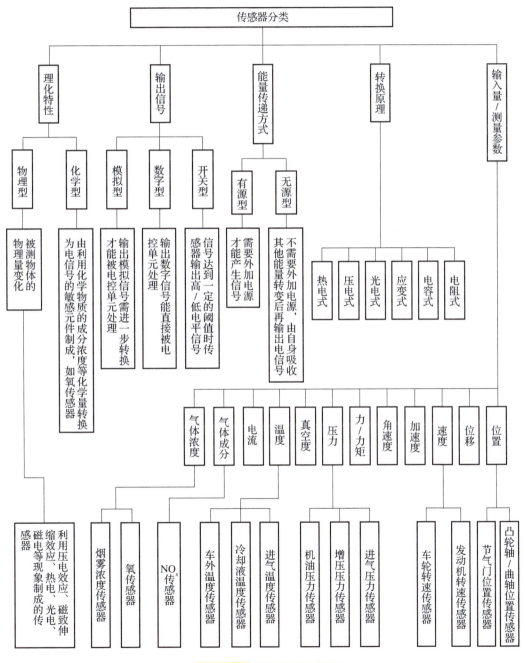

图1-2-1 汽车传感器类别

2. 传感器信号

汽车传感器输出的信号主要有模拟信号和数字信号两种，模拟信号一般是指连续变化的信号，例如交流信号、磁脉冲信号、线性信号，如图 1-2-2 所示。

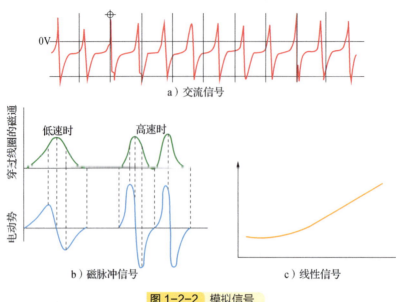

图 1-2-2　模拟信号

数字信号是指不连续间断的信号，只有两种逻辑状态（0 和 1），如图 1-2-3 所示。

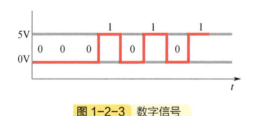

图 1-2-3　数字信号

数字信号有以下几种形式：频率调制信号、串行数据信号、脉宽调制信号。

（1）频率调制信号

如图 1-2-4 所示，保持波幅恒定而改变频率称为频率调制。在汽车中产生频率调制信号的传感器主要是光电式传感器和霍尔式传感器。控制模块根据频率调制信号的频率变化识别传感器信息。

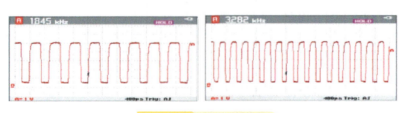

图 1-2-4　频率调制信号

（2）串行数据信号

串行数据信号是按时序逐位将组成数据流的字符予以传输的信号。串行数据可以长距离传输，但传输速率较低，一般用于对速度要求不高的长距离传输场合，例如智能传感器向控制单元传输比较复杂、涉及安全的信息。图 1-2-5 所示为车辆钥匙传输信号波形。

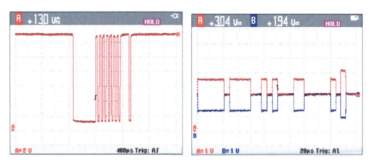

图 1-2-5　车辆钥匙传输信号波形

（3）脉宽调制（PWM）信号

脉宽调制信号就是经过脉冲宽度调制的信号。脉冲宽度是指在一个周期内元件持续工作的时间，如图 1-2-6 所示。

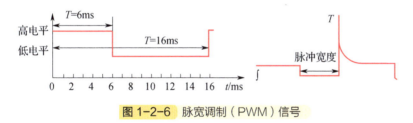

图 1-2-6　脉宽调制（PWM）信号

数字信号可直接输入到电控单元，由电控单元直接运算控制。而模拟信号则需通过 A/D 转换器转换成数字信号后再输入电控单元。电控单元不断地检测各个传感器的信号，并且驱动执行器工作。

五、参考资料

序号	书名、材料名称	出版单位
1	汽车传感器从入门到精通	化学工业出版社
2	汽车传感器检测与维修快速入门 60 天	机械工业出版社

学生笔记

任务三　汽车传感器的检测

一、任务信息

任务难度	中级	推荐学时	2
案例导入	汽车传感器出现故障，需要进行故障诊断，对传感器进行检测，要求学生正确掌握传感器的检测方法		
能力目标	素养	1. 能够与团队成员协作完成任务 2. 逐渐养成细心、严谨的工作态度，培养工匠精神 3. 养成环保美德，让学生意识到环境污染对人类的危害，青山绿水才是人类追求的环境	
	知识	1. 了解万用表电压检测 2. 了解万用表电阻检测 3. 诊断仪的使用	
	技能	1. 能够使用万用表检测传感器 2. 能够使用诊断仪进行故障诊断 3. 能够掌握示波器的使用方法	

二、任务准备

准备导线、电阻、LED 灯、示波器、万用表。

三、任务实施

根据能力素养培养要求，以提出问题、分析问题、解决问题为导向，完成以下工作任务，并填写下列工作表。

工作表	传感器的检测

1. 选择适当的导线、电阻、LED 灯制作一个测试灯并画出电路图。

2. 使用大众示波器 VAS6356 测量轮速传感器的波形。

3. 使用万用表测量传感器电流怎样选择档位？

4. 使用 VAS6150 读取 ABS 传感器数据。

四、参考信息

1. 传感器检测注意事项

1）使用高阻抗数字式万用表或汽车专用万用表进行测试，不要用普通试灯去测试任何和 ECU 相连接的电气装置，以防止损坏晶体管。脉冲电路应采用 LED 灯或示波器检查。

2）电控系统中出现故障，一般要先检查线路，检查插接器是否因松动、脱焊、烧蚀、锈蚀和脏污而接触不良或瞬时短路。检查线路没有故障时，再检查传感器和 ECU，不能轻易地更换电子元器件。

3）蓄电池搭铁极性切不可接错，必须负极搭铁。严禁在发动机高速运转时将蓄电池从电路中断开，以防产生瞬时过电压将 ECU 和传感器损坏。

4）在点火开关接通的情况下，不要进行断开任何电气设备的操作，以免电路中产生的感应电动势损坏电子元件。

5）当断开蓄电池时需注意以下几点：一是必须关闭点火开关，如果在点火开关接通的状态下断开蓄电池连接，电路中的自感电动势会对电子元器件产生击穿的危险；二是应先检查故障码是否存在，若存在故障码，应记下故障码后再断开蓄电池。

6）检修氧传感器时，注意不要让氧传感器跌落碰撞到其他物体，不要用水冷却。更换氧传感器时，一定要用专用的防粘胶液刷涂螺纹，以免下次拆卸困难。

7）注意屏蔽线。对于电磁式凸轮轴位置传感器，仅通过测量电压或电阻来确定其是否正常是不全面的。有很多电磁式传感器测量电阻、电压都正常，但线路屏蔽不好也会导致故障。

8）用跨接法起动其他车辆或用其他车辆跨接本车起动时，需先关闭点火开关，然后才能拆装跨接线。

9）拆卸或安装电感性传感器时，应将点火开关断开（OFF），以防止传感器的自感电动势损坏 ECU 和产生新的故障。

2. 传感器的检测方法

（1）故障征兆现象判断法（经验法）

依据故障征兆，运用经验判断，是最直观、最简单的诊断车辆故障和判断传感器好坏的方法。

例如，在维修大众车系发动机时，如果出现发动机油耗和排气污染增加，发动机出现怠速不稳、缺火、喘振等故障现象，则很大可能是氧传感器出现故障。这是因为：一是从车型来看，该车型出现氧传感器故障的概率比较高；二是从现象来看，氧传感器出现故障，将使电控燃油喷射系统的控制单元不能得到排气管中氧浓度的信息，因而不能对空燃比进行反馈控制，从而出现上述症状。

（2）替代法

替代法就是对于可疑传感器，通过试换的方法来查找故障，又称换件法。替代法可确定故障部位或缩小故障范围，但不一定能确定故障原因。在检修传感器时，最好使用相同车型、相同年款、相同型号、相同规格的传感器，暂时替代有疑问的传感器。替代后如故障现象没有消失，说明该故障并不是传感器引起的，故障在其他部分。

使用替代法检验传感器的好坏，简单又直接，但要求有一定的维修经验和可以用来替换的正常的传感器。替换时需要注意不能用不同输出特性的传感器来替代，否则容易引起错误判断。

（3）测试灯检测法

测试灯有自制的测试灯和检测专用的测试灯；可以自带电源，也可以不带电源。自制的测试灯可以用发光二极管（LED）外接 300~500Ω 电阻串联制成，如图 1-3-1 所示。

测试灯主要有以下几个功能：

①检查传感器、电控单元相关线路连接通断。

②检测传感器参考电压供给是否正常。

③根据测试灯发光二极管频闪信号，可以检查传感器有无脉冲信号输出，或电控单元（ECU）有无信号输出。

（4）万用表检测法

使用数字式万用表进行元件的测量。由于数字式万用表阻抗大，通过元器件的电流小，可以避免在测量时烧毁

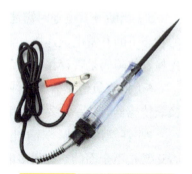

图 1-3-1　检测专用的测试灯

元器件。

1）检测电阻法。检测电阻法主要用于可变电阻、电位计传感器、磁电式传感器电阻的检测，对于半导体元件，一般要与标准元件的测量值对比才能得出结论。例如，对于磁电式轮速传感器，可以用万用表检查其电阻值，一般在室温时，电阻在 600～2300Ω 范围内为正常。电阻太小为线圈短路；电阻过大为连接不良；电阻非常大为断路；线圈与外壳导通为搭铁。

2）电压检测法。对于有源传感器，由于工作时自身可以产生电压，因此可以使用电压检测法来检测传感器工作是否正常。例如氧传感器、磁电式曲轴位置/凸轮轴位置传感器、爆燃传感器等。以 ABS 用磁电式轮速传感器为例，拆开 ABS ECU 接线插座或拔下轮速传感器的接线插头，使被测车轮以 1r/s 的速度转动时，使用万用表交流 mV 档，测量各车轮的轮速传感器对应端子间的电压，万用表指示值应为 70mV 以上。如测量值低于规定值，原因可能是传感器与轮齿的间隙过大或传感器本身有问题，需要更换新件，如图 1-3-2 所示。

图 1-3-2　测量轮速传感器电压

3）电流检测法。电流检测法主要用于产生电流调制信号的新型集成电路传感器，如主动型轮速传感器，通过万用表电流档也可以对此类传感器进行检测，线路连接如图 1-3-3 所示。将万用表拨至量程在 200mA 以上的电流档处，将表笔串接在其中一根输出线上，另一根输出线正常接地，接通汽车电路使 ABS 通电，用手缓慢转动传感器安装的车轮，正常情况下，电流指示应在 7～14mA 之间。如果读数值固定在 7mA 或 14mA，同时调整空气间隙数值不发生变化，或者，如果接通电路后电流数值直接显示为 0mA 或 100mA 以上时，在确认万用表接线无误后，可以判定传感器已经断路或短路。

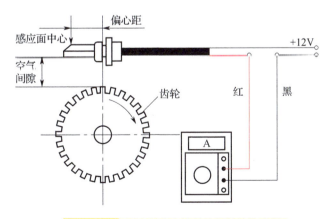

图 1-3-3　用万用表电流档检测轮速传感器

（5）解码检测法

汽车上的电子控制系统一般都具有自诊断功能。必须使用专用或者通用诊断设备（解码器）才能进行诊断。

目前专用解码器一般是主机厂家提供，如大众（奥迪）汽车用 VAS6150B、丰田汽车用 Intelligent Tester 等。通用解码器，如德国博世公司的 KTS300/500、美国的红盒子 ScannerMT2500，以及电眼睛、修车王、车博士等。

读取与清除故障码是解码器的主要功能，因此借助解码器可以很容易判断出故障的大致方向和部位，为传感器的检测和诊断提供了方向，但有以下几点需要注意。

1）并不是所有的故障都会出现故障码，例如，当冷却液温度传感器的电阻发生数值变化，如果电阻值没有超出规定范围，虽然有故障，但不会显示故障码。

2）如果出现故障码，要分清是传感器或执行器自身故障还是线路故障；线路故障要分清是短路还是断路，是与电源短路或断路，还是与接地短路或断路等。只有清楚明白故障码的确切含义，才能更好地利用故障码排除故障，维修起来也可以少走弯路。

3）如果解码器显示故障码，只是说明某一系统或相关系统有故障，不要看到故障码就断定是该传感器或执行器有故障，其他与之相关的系统会造成同样故障而出现相同的故障码。

4）要弄清楚是历史性故障码还是偶发故障码，以及故障码出现的次数。如果是历史性故障码，就表示故障较早之前出现过，现在不出现了，但在 ECU 里面有一定的存储记忆；而当前故障码则表示是最近出现的故障，当前故障绝大部分和目前出现的系统问题有很大关系。

例如，大众公司的解码器上故障码前显示 "SP" 均表示临时的偶发性故障。故障发生的原因不外乎以下几种情况：发动机运转或点火开关打开的过程中拔下了某个电气插头，或者某个传感器或执行器的插头虚接。

5）当读不出故障码但车辆依旧有故障症状时，此时要利用解码器的数据流对传感器和执行器进行深入的分析和判断。所谓数据流，简单来说就是电控系统中的一些主要传感器和执行器的当前工作参数值（如发动机转速、蓄电池电压、空气流量、喷油时间、节气门开度、点火提前角、冷却液温度等）。维修过程中，可以通过阅读数据流来分析、发现故障所在，特别是当电控系统无故障码可供参考时，数据流分析就更加重要。每个传感器和执行器在一定条件下的工作参数值是有一定标准范围的，可以通过实际值与标准值的比较来判断某传感器和执行器是否存在异常。

6）当故障码表示的故障排除后，要利用解码器来清除故障码，也就是从 ECU 内存中清除其故障码记忆，并在发动机运转一段时间后（有条件的话，可以进行路试），再通过解码器来测试是否还会出现相似的故障现象，或者再次存储同样的故障码。

（6）示波器检测法

示波器主要用来显示控制系统中输入、输出信号的电压波形，以供维修人员根据波形分析判断电控系统故障。示波器比一般电子设备的显示速度快，是唯一能显示瞬时值波形的检测仪器，是电控系统故障诊断中的重要设备。示波器检测是最准确、最直观的检测方法，可以将传感器的输出电流或电压以波形的形式显示出来，也是传感器等电气元件检测的发展方向。图1-3-4所示为电磁式轮速传感器波形。

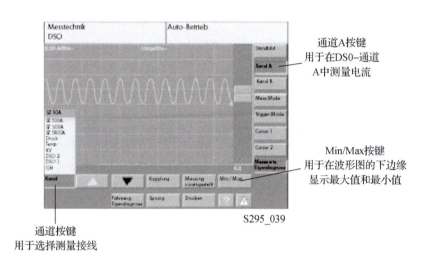

图1-3-4　示波器测量轮速传感器波形

五、参考资料

序号	书名、材料名称	出版单位
1	汽车传感器从入门到精通	化学工业出版社
2	汽车传感器检测与维修快速入门60天	机械工业出版社

学生笔记

模块二
位置、角度传感器技术与应用

任务一　位置、角度传感器的基本认知

一、任务信息

任务难度	中级	推荐学时	4
案例导入		一辆大众新能源探岳（GTE）混合动力轿车前照灯位置传感器出现故障，要求学生进行检测。通过本任务的学习，使学生掌握前照灯位置传感器的安装位置	
能力目标	素养	1. 强化安全意识、环保意识、法律意识 2. 养成良好的团队合作意识，树立以客户为中心、敬客经营的职业精神 3. 养成学生技能报国、技能兴国的理念及科技报国的家国情怀和使命担当	
	知识	1. 了解传感器的定义 2. 了解传感器的作用 3. 了解传感器的工作原理	
	技能	1. 描述传感器工作原理 2. 指出传感器在车上的安装位置 3. 了解位置（角度）测量参数	

二、任务准备

本任务实施所需教学课件请扫描二维码。

三、任务实施

根据能力素养培养要求，以提出问题、分析问题、解决问题为导向，完成以下工作任务，并填写下列工作表。

| 工作表 | 位置、角度传感器 |

1. 描述位置传感器的定义。

2. 简述曲轴位置传感器工作原理。

3. 简述液位传感器工作原理。

4. 简述车高与转向传感器工作原理。

5. 简述座椅位置传感器工作原理。

6. 在下图方框中填写传感器名称。

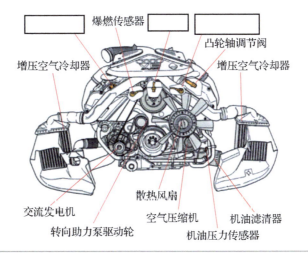

四、参考信息

1. 位置传感器的定义

用来测量元件运转或运动所处位置的传感器称为位置传感器。

位置和角度传感器的类型很多,主要有节气门位置传感器、加速踏板位置传感器、曲轴位置传感器、凸轮轴位置传感器、座椅占用传感器、水平位置传感器、离合器位置传感器、电动机械式助力转向电动机位置传感器、液位传感器、进气歧管风门位置传感器等。

2. 位置传感器的工作原理

（1）节气门位置传感器

节气门位置传感器将节气门的开度变化转换成电信号输入电控单元（ECU），ECU根据节气门位置信号判断发动机的运转工况。它有线性输出型和开关型两种。

（2）曲轴位置传感器

曲轴位置传感器是控制发动机点火正时、确认曲轴位置的信号源。曲轴位置传感器用于检测活塞上止点信号和曲轴转角信号，它也是测量发动机转速的信号源。曲轴位置传感器有磁感应式、光电式和霍尔式三种。

（3）凸轮轴位置传感器

凸轮轴位置传感器检测配气凸轮轴的位置，并将信号输入ECU，以便ECU识别第一缸活塞处于压缩上止点的位置，它是控制发动机喷油系统、点火时间和爆燃的信号源。凸轮轴位置传感器有磁感应式、光电式和霍尔式三种。

（4）液位传感器

液位传感器用于测量制动液液位、洗涤液液位、散热器冷却液液位、燃油液位等。当液位降低到一定值时，它产生类似于开关的接通、断开的转换。液位传感器主要有浮筒簧片开关式、电极式、热敏电阻式、滑动电阻式四种。

（5）车高传感器

车高传感器将车身高度的变化转换成传感器轴的旋转，并检测出旋转角度将其转换成电信号输入电控单元中，可随时对车身高度进行调节。

3. 座椅占用传感器

座椅占用传感器可以通过感应座椅上的压力变化来判断座椅是否被占用。它通过霍尔元件将旋转永磁铁的位置变化引起的磁通密度变化检测出来，并转换成电压，以脉冲信号的形式送入电控单元。

4. 方位传感器

方位传感器是车辆导航系统中非常重要的一种传感器，它利用地磁产生的电信号进行检测，以指示方向的偏差。

5. 溢流环位置传感器

溢流环位置传感器应用在电控柴油机燃油喷射系统中，用来检测溢流环的位置，实现电子控制喷油量。

除了上述传感器之外，还有其他的位置、角度传感器，如 EGR 位置传感器、转向盘角度传感器与加速踏板位置传感器等。

五、参考资料

序号	书名、材料名称	出版单位
1	汽车传感器从入门到精通	化学工业出版社
2	汽车传感器检测与维修快速入门60天	机械工业出版社

学生笔记

任务二　节气门位置传感器技术与应用

一、任务信息

任务难度	中级	推荐学时		4
案例导入	一辆大众迈腾（GTE）新能源混合动力轿车在怠速时抖动，加速无力，要求排除故障			
能力目标	素养	1. 能够展示自己的操作成果 2. 养成规则意识、质量意识、法律法规意识 3. 具有正确的劳动观和劳动态度，以及爱岗敬业、吃苦耐劳的精神		
	知识	1. 掌握节气门位置传感器的安装位置 2. 了解节气门位置传感器的作用 3. 掌握节气门位置传感器的工作原理		
	技能	1. 能够描述霍尔效应原理 2. 能够描述霍尔效应式节气门位置传感器工作原理 3. 能够描述滑动电阻式节气门位置传感器工作原理 4. 能够指出霍尔效应式节气门位置传感器安装位置		

二、任务准备

本任务实施所需资源迈腾轿车维修手册、教学课件请扫描二维码。

三、任务实施

根据能力素养培养要求,以提出问题、分析问题、解决问题为导向,完成以下工作任务,并填写下列工作表。

工作表	节气门位置传感器

1. 简述节气门位置传感器安装位置,如图所示。

2. 简述节气门位置传感器的作用。

3. 简述滑动电阻式节气门位置传感器的工作原理。

4. 下图为皇冠3.0轿车节气门位置传感器电路图,根据可变电阻式节气门工作原理测量以下端子之间的电压,补全下表数值并测量各端子之间的电阻。

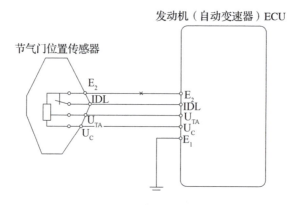

测量端子	测量条件	电压值 /V
IDL—E_2	节气门全开	
U_C—E_2	节气门全开	
U_{TA}—E_2	节气门全闭	

测量电阻值

测量端子	电阻值 /Ω
IDL—E_2	
U_C—E_2	
U_{TA}—E_2	

5. 下图为迈腾轿车电路图，回答下列问题。

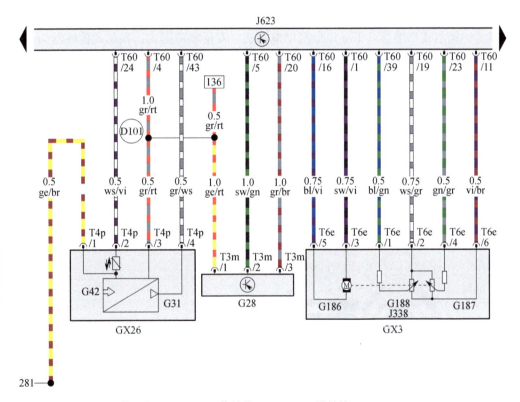

指出：G187、G186 供电线_____ 信号线_____ 搭铁线_____

6. 写出节气门位置传感器故障诊断流程。

7. 使用示波器读取迈腾轿车节气门位置传感器的波形。

四、参考信息

1. 节气门位置传感器的作用

节气门位置传感器（Throttle Position Sensor，TPS）是汽车电控系统中最重要的传感器之一，主要用于发动机电子燃油喷射系统和电控自动变速器系统，一般安装在节气门体总成上，用于检测节气门开度。

节气门位置传感器的作用是将节气门开度以及节气门开度变化快慢转变为电信号输入发动机 ECU，用于判别发动机的各种工况，从而控制不同的喷油量和点火正时。在装备电子控制自动变速器的汽车上，节气门位置传感器信号是变速器换档和变矩器锁止的主要信号。在电子节气门控制系统中，节气门位置传感器由节气门伺服电动机根据 ECU 信号进行驱动，用来检测节气门的实际开度，ECU 以此作为反馈信号，实时控制节气门伺服电动机，对节气门开度做出适当调整。

节气门控制系统所用的节气门位置传感器常见的有触点开关式、单滑动电阻式、双滑动电阻式、霍尔式传感器。下面以单滑动电阻式、双滑动电阻式、霍尔式传感器为例进行介绍。

2. 滑动（可变）电阻式节气门位置传感器

（1）单滑动电阻式节气门位置传感器结构

单滑动电阻式节气门位置传感器也叫作线性输出型节气门位置传感器，其结构如图 2-2-1 所示，由滑动触点 a、滑动触点 b、电阻器、节气门轴、接线插头组成。传感器的两触点与节气门轴联动，分别为测量节气门开度的滑动触点 a 和确定节气门全闭的滑动触点 b，输出波形如图 2-2-2 所示。

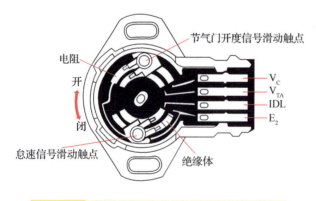

图 2-2-1 单滑动电阻式节气门位置传感器的结构

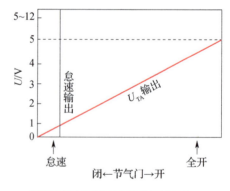

图 2-2-2 传感器的输出波形

（2）单滑动电阻式节气门位置传感器工作原理

单滑动电阻式节气门位置传感器的滑动触点 a 可在电阻器上滑动，并与电阻器构成电位计，利用电阻器电阻值的变化将节气门的开度值转化为一个线性电压信号，并将此线性信号输入电控单元（ECU），ECU 根据此信号确定节气门的开度，并对喷油量进行修正。滑动触点 b 则在节气门全闭时与怠速触点 IDL 接触，用于提供怠速信号，并将此信号输入 ECU，ECU 根据此信号来实现断油及点火提前角的控制，如图 2-2-3 所示。

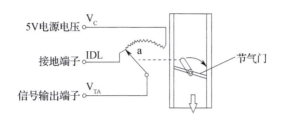

图 2-2-3　单滑动电阻式节气门位置传感器的工作原理

（3）单滑动电阻式节气门位置传感器连接电路

单滑动电阻式节气门位置传感器与 ECU 的连接电路如图 2-2-4 所示。传感器内部电阻 r 的两端子 V_C 和 IDL 之间加有 ECU 输出的 5V 电压，滑动触点 a 根据节气门开度的状况在电阻 r 上滑动，当触点 a 向右滑动（节气门开度加大）时改变了 ECU 的端子和 V_{TA} 端子之间的电压，当滑动触点 a 向左滑动（节气门开度减小）时，电压线性减小，直到触点 b 和触点 IDL 接触，节气门进入怠速状态。V_{TA} 信号是模拟信号，须经 A/D 转换器变成数字信号，再输入微机中。

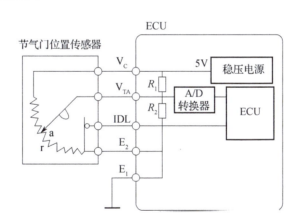

图 2-2-4　单滑动电阻式节气门位置传感器与 ECU 线路连接

（4）双滑动电阻式节气门位置传感器结构

双滑动电阻式节气门位置传感器有 4 个接线端子，其中 2 个是两个电位器共同的电源端子和搭铁端子，如图 2-2-5 中的 V_C 和 E2，另外 2 个端子连接两电位器各自的滑动触点，作为传感器的 2 个信号端子 VTA 和 VTA2。每个电位器的工作原理和控制电路都与前述的单滑动电阻式节气门位置传感器完全相同，但两个电位器在相同工作范围内的电阻值有所不同，使得两滑动触点上的信号电压值产生差异，两者输出波形之间形成一定角度（或平行）的两条直线，如图 2-2-6 所示。

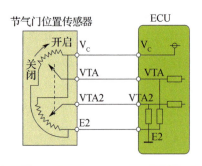
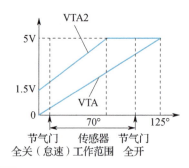

图 2-2-5　双滑动电阻式节气门位置传感器原理图　　图 2-2-6　双滑动电阻式节气门位置传感器输出波形

这种节气门位置传感器的两个信号不但可让 ECU 获知节气门开度，还有利于 ECU 对该传感器进行故障监测。ECU 在发动机工作过程中不断比较这两个信号电压的数值，一旦发现两信号电压之和与标准不符，即判定该传感器有故障，立即启用失效保护模式。

3. 霍尔式节气门位置传感器

（1）霍尔效应原理

如图 2-2-7 所示，把一块半导体基片（霍尔元件）放在磁场中，当在与磁场垂直的方向上通过电流时，则在与磁场和电流相垂直的另外横向侧面上产生电压 U_H。这一现象是美国物理学家霍尔（E.H.Hall 1855—1938）发现的，因此命名为霍尔效应。

如图 2-2-8 所示，将 N 型半导体材料长、宽、厚分别设为 l、b 和 d。导电的载流子是电子。若通过电流为 I，电子将受到洛伦兹力 F_L，大小为

$$F_L = qvB \tag{2-1}$$

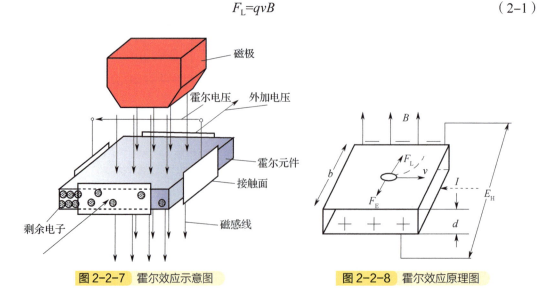

图 2-2-7　霍尔效应示意图　　图 2-2-8　霍尔效应原理图

在洛伦兹力的作用下，电子向一侧偏转，在该侧形成负电荷积累，另一侧形成正电荷积累（空穴），这样在上下两个正负电荷积累群就建立了一个电场 E_H，称为霍尔电场。该

电场对电子的作用力与洛伦兹力方向相反，从而阻止电子继续积累。当电场力和洛伦兹力相等时，达到动态平衡。

霍尔电场强度为

$$E_H = vB \qquad (2\text{-}2)$$

霍尔电压为

$$U_H = E_H b = vBb \qquad (2\text{-}3)$$

通过霍尔元件的电流为 $i = dq/dt = bdvnq$ 则 $I = bdvnq$ 即

$$v = I/bdnq \qquad (2\text{-}4)$$

将式（2-4）代入式（2-3）得

$$U_H = BI/dnq \qquad (2\text{-}5)$$

设 $R_H = 1/nq$，代入式（2-5）得 $U_H = R_H BI/d$，此公式即为霍尔效应公式，其中 R_H 称为霍尔系数。设 $K_H = R_H/d$，则 $U_H = BI/dnq = K_H BI$，此公式即为霍尔效应公式。

式中　K_H——霍尔元件灵敏系数；

　　　U_H——霍尔电压（mV）；

　　　B ——磁场磁感应强度（T）；

　　　I ——半导体激励电流（mA）。

上述公式和实验表明，霍尔效应中产生的电压 U_H（霍尔电压）的大小与通过半导体基片的电流 I 和磁场的磁感应强度 B 成正比，与基片的厚度 d 成反比。当 $B=0$ 时，半导体不产生霍尔电压，当 $B \neq 0$，产生霍尔电压，这一原理在电子控制或传感器领域被广泛使用。

根据霍尔效应原理制成的传感器输出信号波形和信号转子控制集成电路有关，有的输出直线型，有的输出正弦波形或脉冲方波形。

线性集成霍尔传感器一般由霍尔元件、差分放大、射极跟随输出及稳压器组成，主要用于位置、力、质量、速度、厚度、磁场、电流等测量或控制。线性集成霍尔传感器有单端输出和双端输出，电路如图 2-2-9 所示，输出波形如图 2-2-10 所示。

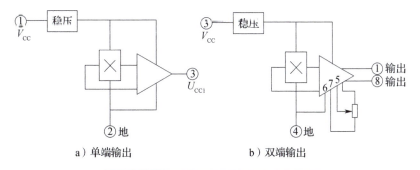

图 2-2-9　线性集成霍尔传感器输出电路

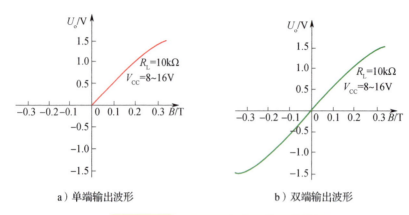

图 2-2-10 线性集成霍尔传感器输出波形

（2）霍尔式节气门位置传感器结构

霍尔式节气门位置传感器采用由霍尔元件制成的霍尔式非接触式电位器，由固定在壳体上的霍尔元件和随节气门轴转动的永久磁铁组成，如图 2-2-11 所示。永久磁铁固定在节气门轴上，随节气门开度的变化而转动，霍尔元件则固定在永久磁铁的两极中间。来自 ECU 的 5V 电源施加在片状霍尔元件的一个方向上，在霍尔元件中产生一个恒定的电流。由于霍尔元件固定在永久磁铁产生的磁场中，在垂直于电流方向的两个端面间即产生霍尔电压，该电压作为传感器的信号电压，如图 2-2-12a 所示。

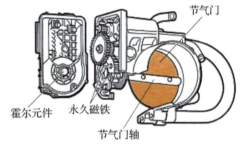

图 2-2-11 霍尔式节气门位置传感器

当节气门全关时，永久磁铁的磁场方向与霍尔元件之间有较大的夹角，其产生的霍尔电压也较小；当节气门开大时，永久磁铁的磁场方向与霍尔元件之间的夹角逐渐减小，在节气门全开时，磁场垂直于霍尔元件，如图 2-2-12b 所示。由于霍尔电压的大小与垂直作用在霍尔元件上的磁场强度成正比，因此在节气门从全关到全开的过程中，传感器即产生与节气门开度成正比的信号电压。

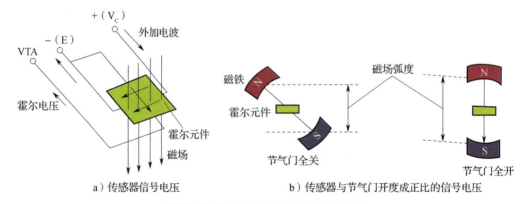

图 2-2-12 霍尔式节气门位置传感器

霍尔式节气门位置传感器也可以采用由主、副两个霍尔元件组成的双霍尔式节气门位置传感器。图 2-2-13 所示为这种传感器的电路图。该传感器有 4 个接线端子，分别是电源端子 V_C、搭铁端子 E、节气门开度信号 VTA1 和故障监测信号 VTA2。VTA2 是监控 VTA1 的，信号输出波形特性曲线如图 2-2-14 所示。

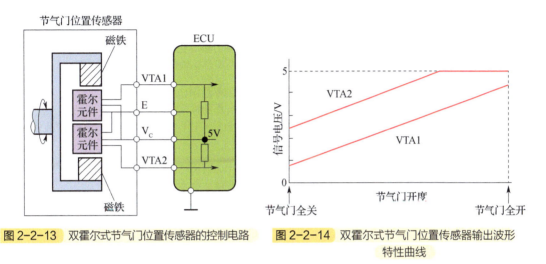

图 2-2-13　双霍尔式节气门位置传感器的控制电路　　图 2-2-14　双霍尔式节气门位置传感器输出波形特性曲线

4. 节气门位置传感器的拆装

五、参考资料

序号	书名、材料名称	出版单位
1	汽车传感器从入门到精通	化学工业出版社
2	汽车传感器检测与维修快速入门 60 天	机械工业出版社
3	迈腾轿车维修手册	一汽大众公司

学生笔记

任务三　凸轮轴位置传感器技术与应用

一、任务信息

任务难度	高级	推荐学时	4
案例导入	顾客抱怨，他的迈腾（GTE）混合动力轿车在行驶中 EPC 灯点亮，发动机不能起动，要求检查，维修人员经过诊断发现凸轮轴位置传感器出现故障			
能力目标	素养	1. 养成诚信意识、公德意识，遵纪守法 2. 具有良好的团队合作精神 3. 培养技能报国、技能兴国的理念及科技报国的家国情怀和使命担当	
	知识	1. 了解凸轮轴位置传感器的作用 2. 了解凸轮轴位置传感器的类型 3. 掌握霍尔式凸轮轴位置传感器	
	技能	1. 能够描述凸轮轴位置传感器工作原理 2. 能够对凸轮轴位置传感器进行检测 3. 能够诊断凸轮轴位置传感器故障	

二、任务准备

本任务实施所需教学课件、电路图请扫描二维码。

三、任务实施

根据能力素养培养要求，以提出问题、分析问题、解决问题为导向，完成以下工作任务，并填写下列工作表。

工作表	凸轮轴位置传感器
1. 简述磁阻式凸轮轴位置传感器的工作原理。	
2. 简述霍尔式凸轮轴位置传感器的工作原理。	
3. 简述凸轮轴位置传感器的作用。	

4. 下图为迈腾轿车发动机凸轮轴位置传感器电路图，回答下列问题。

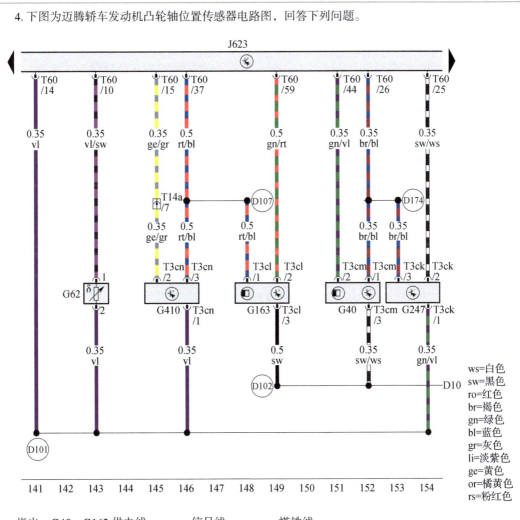

指出：G40、G163 供电线 _____ 信号线 _____ 搭铁线 _____

5. 使用诊断仪读取发动机凸轮轴位置传感器的数据。

6. 使用示波器读取波形并进行分析。

四、参考信息

1. 凸轮轴位置传感器作用

凸轮轴位置传感器（Camshaft Position Sensor，CPS）又称为凸轮轴转角传感器、相位传感器、同步信号传感器、缸位传感器、气缸识别传感器、气缸位置传感器，安装位置如图 2-3-1 所示。

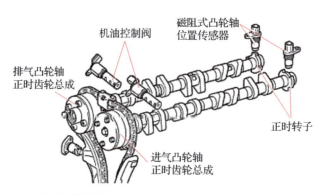

图 2-3-1 磁阻式凸轮轴位置传感器的安装位置

凸轮轴位置传感器的作用是检测凸轮轴位置或转角，从而确定第一缸活塞的压缩行程上止点位置。在起动时，发动机 ECU 根据凸轮轴位置传感器和曲轴位置传感器提供的信号，识别出各缸活塞的位置和行程，控制燃油喷射顺序和点火顺序，进行准确的喷油和点火正时控制。

按照工作原理的不同，凸轮轴位置传感器可分为磁电式、光电式、霍尔式以及磁阻式等多种类型。

2. 磁阻式凸轮轴位置传感器

（1）磁阻效应

磁阻效应是指某些金属或半导体的电阻值随外加磁场变化而变化的现象。如图 2-3-2 所示，在一个长方体半导体元件的两端面通电并且施加一个与电流方向相同或者垂直的磁场，同霍尔效应一样，磁阻效应也是由于载流子在磁场中受到洛伦兹力而产生的。在达到稳态时，某一速度的载流子所受到的电场力与洛伦兹力相等，载流子在两端聚集产生霍尔电场，比该速度慢的载

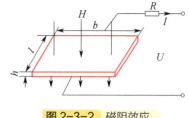

图 2-3-2 磁阻效应

流子将向电场力方向偏转，比该速度快的载流子则向洛伦兹力方向偏转，这种偏转导致载流子的漂移路径增加。或者说，沿外加电场方向运动的载流子数减少，从而使电阻增加，这种现象称为磁阻效应。利用磁阻效应制成的磁敏电阻元件称为磁阻元件，简称 MRE

（Magneto Resistance Element）。

（2）磁阻式凸轮轴位置传感器工作原理

磁阻式凸轮轴位置传感器由信号发生器、磁铁和用于信号处理的集成电路模块组成，如图 2-3-3a 所示，信号波形如图 2-3-3b 所示。

当传感器的磁头正对转子凹槽时，磁力线向两侧的叶片分布构成闭合磁路。此时，磁阻元件电阻较小，通过磁阻元件的磁力线较少，磁场强度较弱，且磁力线与磁阻元件成一定角度，如图 2-3-4a 所示，此时磁阻元件输出 5V 高电位信号。当磁阻传感器的磁头正对转子叶片时，磁力线通过正对的叶片构成闭合磁路。此时，磁阻元件电阻较大，通过磁阻元件的磁力线较多，磁场强度较强，且磁力线与磁阻元件垂直，如图 2-3-4b 所示，此时磁阻元件输出 0V 低电位信号。

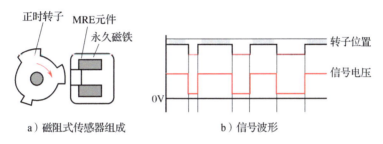

图 2-3-3 磁阻式凸轮轴位置传感器的组成和信号波形

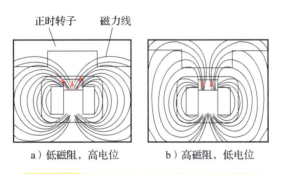

图 2-3-4 磁阻式凸轮轴位置传感器工作原理

随着转子的旋转，叶片的凸起与凹槽交替变化，引起通过磁阻元件的磁力线的强弱和角度发生改变。由于磁阻效应的作用，磁阻元件的电阻也发生变化，通过磁阻元件的电流也随之改变。这种电流的变化由信号放大电路、滤波电路和整形电路转换成二进制数字信号，并传给发动机 ECU。发动机 ECU 根据此信号判别进、排气凸轮轴位置。

（3）磁阻式凸轮轴位置传感器连接电路

丰田轿车磁阻式凸轮轴位置传感器连接电路如图 2-3-5 所示。

1）工作电压的检测。关闭点火开关，断开凸轮轴位置传感器，将点火开关置于"ON"档，用万用表检查 VC 端子与 VV_+ 端子之间的电压，应为 5V。若不符合要求，应分别检查 VC、VV$_+$ 与 ECU 间线路的连接情况，若线路正常，则发动机 ECU 有故障。

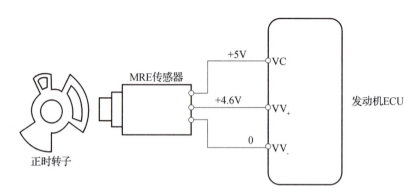

图 2-3-5 磁阻式凸轮轴位置传感器连接电路

2）波形检测。在线路正常连接的情况下，使发动机运转，用示波器检测输出信号，其标准波形如图 2-3-6 所示。

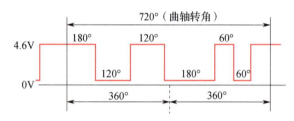

图 2-3-6 磁阻式凸轮轴位置传感器标准波形

3. 霍尔式凸轮轴位置传感器

（1）结构

触发轮齿型霍尔式凸轮轴位置传感器由双轨信号转子轮和霍尔式传感器组成，如图 2-3-7 所示。信号转子轮有两条并排轨道，并存在一定的距离。信号转子轮上的轨道 1 和轨道 2 分布着齿。霍尔式传感器内有两个并排霍尔元件，分别是霍尔元件 1 和霍尔元件 2，为差分霍尔传感器。轨道 1 与霍尔元件 1 对应产生一组信号，同样，轨道 2 与霍尔元件 2 对应产生另一组信号。

（2）工作原理

双轨信号转子轮安装在进气凸轮轴

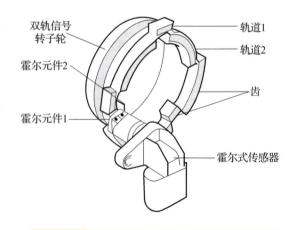

图 2-3-7 触发轮齿型霍尔式凸轮轴位置传感器

的一端，发动机工作过程中随进气凸轮轴一起转动，当双轨信号转子轮轨道 1 的齿转到霍尔元件 1 时，霍尔元件 1 产生一个高电位信号，霍尔元件 2 产生一个低电位信号，如图 2-3-8a 所示。同理当双轨信号转子轮轨道 2 的齿转到霍尔元件 2 时，霍尔元件 2 产生一个高电位信号，霍尔元件 1 产生一个低电位信号，如图 2-3-8b 所示。因此霍尔式传感器的两个霍尔元件总是产生不同的信号。ECU 通过比较这两个信号，能够识别凸轮轴的位置及 1 缸活塞位置。霍尔式凸轮轴位置传感器与电控单元电路图如图 2-3-9 所示。

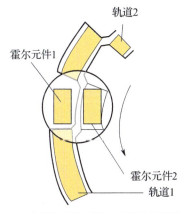
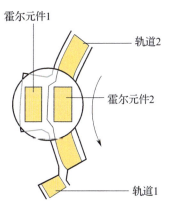
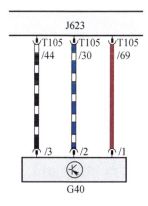

图 2-3-8 触发轮齿型霍尔式凸轮轴位置传感器工作原理

图 2-3-9 触发轮齿型霍尔式凸轮轴位置传感器与电控单元电路图

（3）独立双霍尔式凸轮轴位置传感器

一汽大众轿车采用独立双霍尔式凸轮轴位置传感器 G40 和 G163 来判断凸轮轴的位置，这两个传感器安装在发动机正时链条的盖板内，如图 2-3-10 所示。发动机控制单元通过霍尔式传感器 G40 来判定进气凸轮轴位置，通过霍尔式传感器 G163 来判定排气凸轮轴位置。在发动机起动时，可通过霍尔式传感器信号快速而准确地识别出凸轮轴相对于曲轴的位置，与发动机转速传感器 G28 的信号一起可识别出哪个气缸处于点火上止点，这样就可针对相应的气缸来喷油和点火。若 G40 和 G163 出现故障，信号中断则使用发动机转速传感器 G28 的信号替代，此时由于不能那么快就识别出凸轮轴的位置和气缸的位置，所以发动机起动所需要的时间就长一些。G163、G40、G28 信号波形如图 2-3-11 所示。

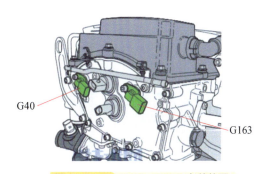

图 2-3-10 G40、G163 安装位置

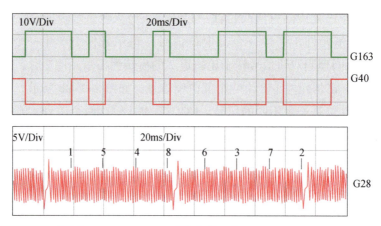

图2-3-11 发动机转速传感器G28和凸轮轴位置传感器G40、G163信号波形

4. 凸轮轴位置传感器故障诊断

（1）故障现象

一辆2011款大众迈腾轿车无法起动，发动机排量为1.4L，行驶里程85100km。

（2）故障诊断

（3）读取故障码

使用诊断仪读取故障码为凸轮轴位置传感器信号过大。

迈腾轿车凸轮轴位置传感器电路图如图2-3-12所示。凸轮轴位置传感器（G40）1号

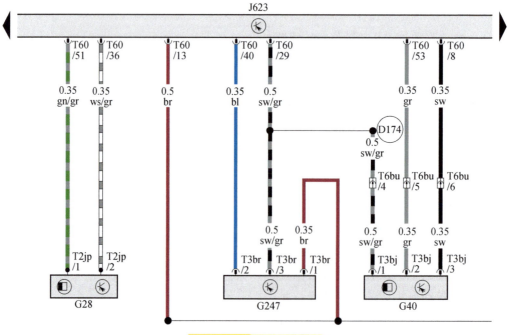

图2-3-12 G40电路图

G28—发动机转速传感器　G40—霍尔式凸轮轴位置传感器　G247—燃油压力传感器　J623—发动机控制单元

插脚为供电线插脚，2 号插脚为信号线插脚，3 号插脚为搭铁线插脚。

1）检测传感器 G40 供电电压。安装 V.A.G1598/42 测量盒，打开点火开关，测量发动机控制单元 J623 插脚 T60/29 和车辆搭铁电压（图 2-3-12）。测量值为 5V（标准值 5V），结果正常。

2）检测传感器 G40 信号电压。打开点火开关，用万用表测量 T60/53 和搭铁之间的电压，测量值为 0V，正常值为 5V，结果异常。

3）检查传感器 G40 电源线的通断。拔下传感器 G40 插接器。检测 J623 插脚 T60/29 和 G40 端 1 脚之间线路通断，测量值为 0.58Ω（标准值小于 1Ω），线路正常。

4）测量传感器 G40 信号线的通断。拔下传感器 G40 插接器。检测 J623 插脚 T60/53 和 G40 端 2 脚之间线路通断，测量值为 0.88Ω（标准值小于 1Ω），线路正常。

5）测量传感器 G40 搭铁线的通断。拔下传感器 G40 插接器。检测 J623 插脚 T60/8 和 G40 端 3 脚之间线路通断，测量值为 0.9Ω（标准值小于 1Ω），线路正常。

经上述线路测量，线路无故障，判断是传感器 G40 本身出现故障，更换传感器 G40，试车故障排除。

五、参考资料

序号	书名、材料名称	出版单位
1	汽车传感器从入门到精通	化学工业出版社
2	汽车传感器检测与维修快速入门 60 天	机械工业出版社
3	大众迈腾电路图	一汽大众公司

学生笔记

任务四　转向盘转角传感器技术与应用

一、任务信息

任务难度		高级	推荐学时	4
案例导入		顾客抱怨，他的新能源 e-golf 轿车突然转向沉重，主动转向灯、DSC 灯点亮，同时电子助力转向系统失去助力作用，变为常规的助力系统，维修人员使用诊断仪器进行检查，发现转向盘转角传感器出现故障		
能力目标	素养	1. 能够展示操作成果 2. 能够与团队成员协作完成任务		
	知识	1. 了解光电式转向盘转角传感器的结构 2. 了解滑动电阻式转向盘转角传感器的结构 3. 了解电磁感应式转向盘转角传感器的结构 4. 了解霍尔式转向盘转角传感器的结构		
	技能	1. 能够描述光电式转向盘转角传感器工作原理 2. 能够指出光电式转向盘转角传感器在车上的位置 3. 能够对转向盘转角传感器进行诊断		

二、任务准备

本任务实施所需迈腾维修手册、教学课件请扫描二维码。

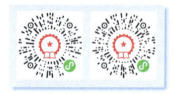

三、任务实施

根据能力素养培养要求，以提出问题、分析问题、解决问题为导向，完成以下工作任务，并填写下列工作表。

工作表	转向盘转角传感器
1. 简述转向盘转角传感器作用。	
2. 简述转向盘转角传感器安装位置及类型。	
3. 对比迈腾 B8 轿车和速腾轿车转向盘转角传感器 G85 安装位置有什么不同。	

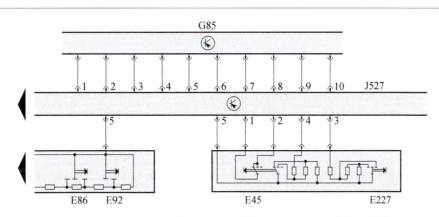

E86—多功能显示器调用键　E92—复位键　E227—定速巡航装置设定键
G85—转向盘转角传感器，在转向柱电子装置控制单元上　J527—转向柱电子装置控制单元

4. 使用 VAS6150 读取 G85 数据及故障码。

5. 使用示波器读取波形。

四、参考信息

1. 转向盘转角传感器作用

转向盘转角传感器主要用于车辆稳定控制系统、电子助力转向系统和电子悬架系统，用于检测转向盘的中间位置、转动方向、转动角度和转动速度等转向信息，从而使相关控制单元实施不同的控制策略。

2. 转向盘转角传感器安装位置及类型

转向盘转角传感器主要安装在转向轴管上，以检测转向轴的旋转角度，有光电式、滑动电阻式、磁感应式、霍尔式、各向异性磁阻式，应用最广泛的是光电式转向盘转角传感器。

3. 光电式转向盘转角传感器

（1）传感器组成

光电式转向盘转角传感器由光源、编码盘、光学传感器和计数器组成，结构如

图 2-4-1 所示。编码盘由两个环构成，一个是绝对环，一个是增量环。每个环由两个传感器进行扫描。

（2）传感器工作原理

如图 2-4-2 所示，编码盘由两个环组成，在外面的一个环称为绝对环，里面的一个环称为增量环。增量环被分为 5 个扇区，每个扇区 72°，由一对光栅对读取。该环的扇区有缺口，同一扇区内的缺口顺序是相同的，但不同扇区之间的缺口顺序则不同，从而实现了各扇区之间的编码。

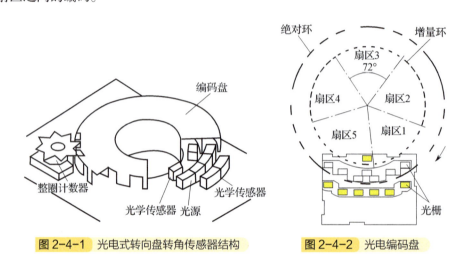

图 2-4-1 光电式转向盘转角传感器结构　　图 2-4-2 光电编码盘

角度的测量是通过光栅原理来实现的，为了简化结构，将两个环展开使带缝隙（缺口）遮光框放在一起，相当于增量环和绝对环是两个遮光环，在两个遮光环之间有光源，其外侧是光学传感器。如果遮光框移动（实际上是转动），光源被遮光环挡住没有照到传感器上时，不产生电压，在逻辑上输出为 0 信号，如图 2-4-3a 所示。如果光源透过缝隙照到传感器上，就会产生电压即输出一个信号，逻辑上为 1，如图 2-4-3b 所示。

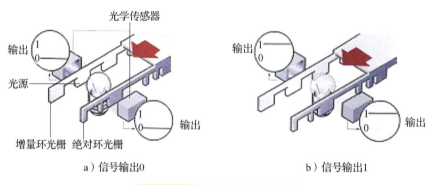

a）信号输出0　　b）信号输出1

图 2-4-3 传感器的信号输出

如果移动遮光框，就会产生两个不同的电压，如图 2-4-4 所示。增量传感器传送一个均匀的信号，这是因为间隙是均匀分布的；绝对传感器传送一个不均匀信号，这是因为间隙是不均匀分布的。系统通过对比这两个信号，就可计算出遮光框移动的距离，于是就确定了绝对部件运动的起始点。

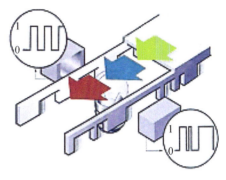

图 2-4-4 光电式转向盘转角传感器工作原理

4. 霍尔式转向盘转角传感器

霍尔式转向盘转角传感器是利用转盘旋转时，遮蔽磁力线或通过磁场，使霍尔元件产生或不产生霍尔电压的办法来计量转向角度的大小，其原理与触发叶片霍尔式曲轴位置传感器相似，结构如图 2-4-5 所示。转向盘转角传感器插接器有四个端子：一个为 12V 供电端子，一个为搭铁端子，另外两个端子分别是转向盘转动信号 S_1 和 S_2 的信号端子。

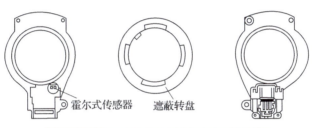

图 2-4-5 霍尔式转向盘转角传感器的结构

转向盘角度信息通过两个方波信号传给转向助力控制单元，控制单元通过这两个信号确定转向盘角度及转向盘转动的速度和方向。两个霍尔式传感器从相位上错开 90°±30°，能够确定转向盘的旋转方向。转向时，控制器可根据 S_1 信号和 S_2 信号的相对位置确定旋转方向，其检测方法也可参照光电式转向盘转角传感器来进行，如图 2-4-6 所示。

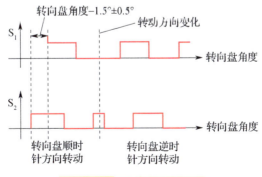

图 2-4-6 输出脉冲信号图

5. 转向盘转角传感器 G85 工作过程

转向盘转角传感器 G85（图 2-4-7）通过 CAN 总线将驾驶人转动转向盘的角度传送给 ABS 控制单元 J104 及电子助力转向控制单元 J500。

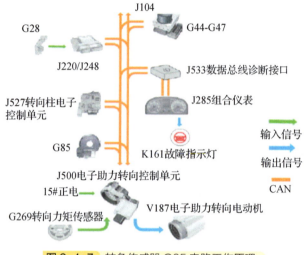

图 2-4-7 转角传感器 G85 电路工作原理

1）信号处理。该信号同车速信号及发动机转速信号共同确定助力泵的转速，进而确定流过控制单元 J500 的液压系统流量。

2）切换功能。当传感器失灵时，助力转向系统进入紧急运行状态。此时转向功能仍得以保证，但转向较沉重。

3）自诊断。控制器或传感器更换之后，必须重新校准零位。传感器被连接在自诊断系统中。电子助力转向控制单元储存传感器的故障。

五、参考资料

序号	书名、材料名称	出版单位
1	汽车传感器从入门到精通	化学工业出版社
2	汽车传感器检测与维修快速入门60天	机械工业出版社
3	大众迈腾电路图	一汽大众公司

学生笔记

任务五　液位传感器技术与应用

一、任务信息

任务难度	高级	推荐学时	4
案例导入	顾客抱怨：他的大众 CC 轿车发动机正常运行时，机油警告灯点亮，维修人员使用诊断仪器进行检查，发现机油液位传感器出现故障		
能力目标	素养	1. 具有安全环保意识 2. 要严谨、细心、规范操作 3. 具有严谨、规范、精益求精的大国工匠精神	
	知识	1. 了解液位传感器的作用 2. 熟知浮子舌簧开关式液位传感器结构 3. 熟知电容式液位传感器结构	
	技能	1. 能够描述液位传感器的作用 2. 能够描述电容式液位传感器结构 3. 能够诊断液位传感器故障	

二、任务准备

本任务实施所需教学课件请扫描二维码。

三、任务实施

根据能力素养培养要求，以提出问题、分析问题、解决问题为导向，完成以下工作任务，并填写下列工作表。

工作表	液位传感器
1. 简述液位传感器的作用与类型。 2. 简述浮子可变电阻式液位传感器工作原理。 3. 简述电容式液位传感器结构。 4. 简述电极式液位传感器的工作原理。	

四、参考信息

1. 液位传感器概述

（1）液位传感器的作用与类型

液位传感器用来检测各种液体的高度位置，作为仪表指示、警告的输入信号，如发动机机油液位传感器、燃油液位传感器、制动液液位传感器、洗涤液液位传感器等。

汽车液位传感器分模拟输出型和开关输出型两类：模拟输出型液位传感器主要用于检测燃油箱内油量并在仪表上指示，有浮子式、电热式、电容式等类型；开关输出型液位传感器用于测量制动液液位、清洗液液位、冷却液液位，用于仪表报警，这种传感器有热敏电阻式、浮子式和舌簧开关式三种。

（2）安装位置

燃油液位传感器安装于燃油箱内，制动液液位传感器安装在制动液罐上，洗涤液液位传感器安装在洗涤液灌内，冷却液液位传感器安装在散热器储液罐上，机油液位传感器安装在油底壳处，以测量各种液体的储存量。

2. 浮子舌簧开关式液位传感器结构及工作原理

（1）浮子舌簧开关式液位传感器结构

图 2-5-1 所示为浮子舌簧开关式液位传感器的结构，浮子沿着树脂圆管制成的轴上下移动，在管状轴舌簧管内没有开关触点，浮子内嵌有永久磁铁。舌簧开关内部有一对很薄的触点，随浮子位置的不同而闭合或断开，从而可以判定液面的高低进而判断液量多少。

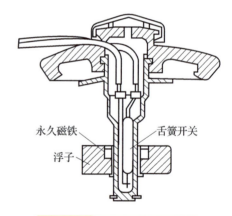

图 2-5-1 浮子舌簧开关式液位传感器结构

（2）浮子舌簧开关式液位传感器的工作原理

浮子舌簧开关式液位传感器工作原理如图 2-5-2a 所示。当液位低于规定值时，浮子的位置低于规定值，所以永久磁铁接近舌簧开关使磁力线从舌簧开关中通过，舌簧开关内两金属触点产生吸引力，导致舌簧开关闭合，警告灯与搭铁接通而使警告灯点亮，电路图如图 2-5-2b 所示。警告灯亮表明液位已低于规定值。当液位达到规定值时，浮子位置上升到规定值，没有磁力线穿过舌簧开关内的磁体，舌簧开关在舌簧片的弹力作用下触点断开，警告灯熄灭。

3. 浮子可变电阻式液位传感器结构及工作原理

（1）浮子可变电阻式液位传感器结构

浮子可变电阻式液位传感器由浮子、固定板、内装滑动电阻的电位器以及连接浮子和

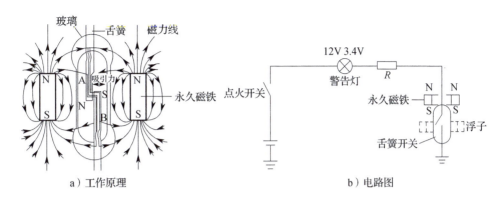

图 2-5-2 浮子舌簧开关式液位传感器的工作原理

电位器的浮子臂组成,其结构如图 2-5-3 所示。这种液位传感器的浮子可以随液位上、下移动,通过浮子的移动带动与其相连的浮子臂及滑动电阻滑动臂在滑动电阻上滑动,从而改变搭铁电位器与浮子间的电阻值,即改变回路的电阻值,从而控制回路中的电流大小,并在仪表上显示液位高低。

(2)浮子可变电阻式液位传感器工作原理

下面以汽车油量表所使用的浮子可变电阻式液位传感器为例说明其工作原理,如图 2-5-4 所示。仪表与浮子可变电阻式液位传感器串联,当油箱满时,浮子升到最高位置,滑动臂滑向低电阻方向,此时通过回路中的电流增大,使双金属片弯曲增大,指针指向 F 侧;当油箱内油量较少时,浮子降到较低的位置,滑动臂滑向高电阻方向,油量表电路中的电流减小,仪表内双金属片稍有弯曲,指针指向 E 侧,这样就可以判断出燃油量多少。

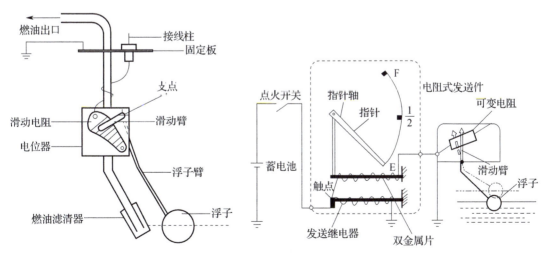

图 2-5-3 浮子可变电阻式液位传感器结构　　图 2-5-4 浮子可变电阻式液位传感器工作原理

4. 电容式液位传感器结构及工作原理

（1）电容式液位传感器结构

电容式液位传感器常用于燃油、机油和冷却液液位的测量，其结构如图 2-5-5 所示。

将电容式液位传感器放入燃油或冷却液中，随着燃油或冷却液液面高度 h 发生变化，因电容电极间的电介质不同引起了电容的变化，而电容的变化又引起了振荡周期的变化，通过计算振动频率，就能获知液面状态。

（2）电容式液位传感器工作原理

如图 2-5-6 所示，嵌套的两根金属管作为电容器两个电极，发动机机油作为电介质。机油状态通过下面的传感器测得，随着机油液面发生变化和因磨损机油中碎屑不断增加以及添加剂的分解而使介电常数发生变化，相应的电容值也发生变化。机油液位传感器安装在机油状态传感器的上部，它测量机油液位这一部分的电容值，该电容值会随着机油液位的变化而发生变化，并由传感器电子装置处理成数字信号再传送到仪表 ECU。在机油状态传感器的底座上装有一个铂温度传感器，该传感器检测机油温度，并将检测到的温度信号传送到仪表 ECU，机油液位、机油温度显示在仪表上。只要对输出信号进行连续测量，即可测得机油液位、温度信号的变化。

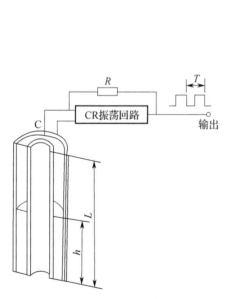

图 2-5-5 电容式液位传感器结构

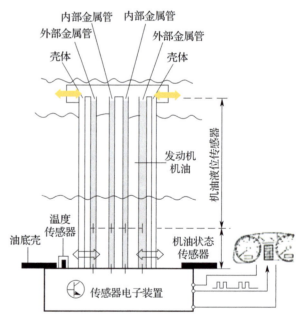

图 2-5-6 电容式液位传感器工作原理

5. 电极式液位传感器结构及工作原理

（1）电极式液位传感器的结构

电极式液位传感器主要由蓄电池上盖板和装在蓄电池盖上的铅棒组成，铅棒起到电极作用，其结构如图 2-5-7 所示。

（2）电极式液位传感器的工作原理

电极式液位传感器的工作原理及控制电路如图 2-5-8 所示。当电解液液位正常时，如图 2-5-8a 所示，铅棒浸在电解液中而产生电动势，晶体管 VT_1 导通，电流从蓄电池正极→点火开关→晶体管 VT_1 集电极→晶体管 VT_1 发射极→蓄电池的负极，因为 A 点电位接近于 0，此时 VT_2 截止，蓄电池警告灯不亮，蓄电池正常。

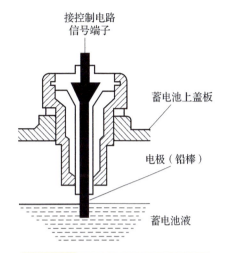

图 2-5-7 电极式液位传感器的结构

当电解液液位下降不足时，如图 2-5-8b 所示，铅棒不能浸在电解液中，VT_1 失去了电位而截止，从而导致 A 点电位上升，以致 VT_2 导通，电流从蓄电池正极→点火开关→警告灯→VT_2 集电极→VT_2 发射极→蓄电池负极，警告灯点亮，说明电解液面低，蓄电池不正常。

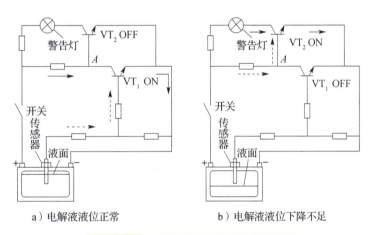

图 2-5-8 电极式液位传感器的工作原理

五、参考资料

序号	书名、材料名称	出版单位
1	汽车传感器从入门到精通	化学工业出版社

学生笔记

任务六　汽车车身高度传感器、水平位置传感器技术与应用

一、任务信息

任务难度	高级	推荐学时		2
案例导入	顾客抱怨，他的大众 ID4X 新能源轿车仪表上显示"车身升降故障"，维修人员使用诊断仪器进行检查，发现车身高度传感器出现故障			
能力目标	素养	1. 培养安全意识、环保意识、法律意识 2. 具有严谨、规范、精益求精的大国工匠精神 3 养成科技报国的家国情怀和使命担当		
	知识	1. 了解高度传感器的作用 2. 熟知高度传感器结构 3. 了解霍尔式车身高度传感器		
	技能	1. 能够描述车身高度传感器的作用 2. 能够描述车身高度传感器结构 3. 能够诊断车身高度传感器故障		

二、任务准备

本任务实施所需电路图、维修手册、教学课件请扫描二维码。

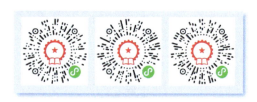

三、任务实施

根据能力素养培养要求，以提出问题、分析问题、解决问题为导向，完成以下工作任务，并填写下列工作表。

工作表	车身高度传感器、水平位置传感器
1. 简述霍尔式车身高度传感器结构。	
2. 简述霍尔式车身高度传感器工作原理。	
3. 简述水平位置传感器的工作原理。	

4. 写出诊断车身高度传感器 G289 故障的诊断计划。

5. 使用示波器读取波形。

四、参考信息

1. 霍尔式车身高度传感器

（1）安装位置

大众新能源轿车配置的自适应底盘控制系统（DCC）中，一般安装有三个车身高度传感器，分别为左前车身高度传感器 G78、右前车身高度传感器 G289（图 2-6-1）、左后车身高度传感器 G76（图 2-6-2）。车身高度传感器又被称为转动角度传感器，它们安装在减振器附近，并通过连接杆与横摆臂灵活连接。

根据前后车桥的横摆臂以及连接杆的移动，车轮弹跳行程被传递至传感器，并被换算成转动角。转动角度传感器在静态磁场中工作，并遵循霍尔原理。信号输出为减振器控制提供了一个与角度成比例的 PWM 信号（脉冲宽度调制信号）。三个车身高度传感器是完全一样的，只是安装方式、连接杆及动力学特性会根据安装位置及车桥而各不相同。

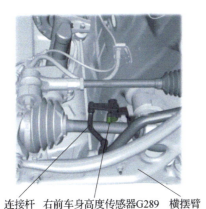

连接杆　右前车身高度传感器G289　横摆臂

图 2-6-1　右前车身高度传感器安装位置

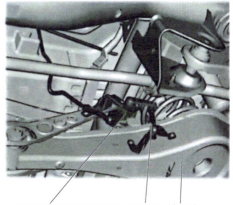

左后车身高度传感器G76　连接杆　横摆臂

图 2-6-2　左后车身高度传感器安装位置

（2）结构

如图 2-6-3 所示，传感器被设计成一种双腔室系统。在传感器一边（腔室 1），装备了转子；而在另一边（腔室 2），则装备了带有定子的电路板。转子和定子是分别安装的，因此它们可独立密封。转子包含了一根黏合了稀土磁铁的无磁性的不锈钢轴。稀土磁铁用于要求强磁场且磁铁尺寸极小的场合。

转子通过操纵杆连接到连接杆上，操纵杆也用来驱动转子。转子安装在操纵杆内的轴密封环里面。这样能有效地保护机件不受其他零件的干扰。定子由一个霍尔式传感器组成并被安装在电路板上。电路板由PU（聚氨酯）塑料制成，这样能保护其不受外部的干扰。

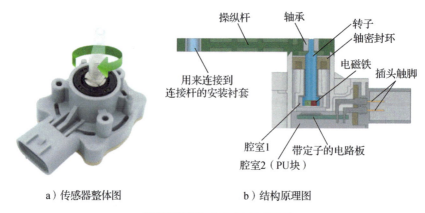

a）传感器整体图　　　　b）结构原理图

图 2-6-3　车身高度传感器

（3）工作原理

传感器的工作原理为霍尔效应。如图 2-6-4 所示，传动杆将车轴跳动传给传感器，霍尔式传感器集成在转子上，转子处在均匀的磁场中，产生正弦和余弦信号，此信号在电路板的集成电路中被转化，使得车身高度的变化能够被电控减振控制单元 J250 所识别，进而能够感知车身高度。

图 2-6-4　车身高度传感器的工作原理

2. 水平位置传感器

（1）安装位置

水平位置传感器安装位置如图 2-6-5 所示。

a）前桥水平位置传感器　　　　b）后桥水平位置传感器

图 2-6-5　水平位置传感器安装位置

（2）传感器作用

水平位置传感器用于车身的水平状态检测。这种传感器是一种非接触式的转角传感器，可用于空气悬架，也可用于前照灯照程调节。例如，大众车系水平位置传感器 G84 通过一根连动杆来判定后桥相对于车身的弹簧压缩量。集成在传感器内的测量电子装置将霍尔集成电路信号按角度比例转换成电压信号。带有前照灯照程自动调节装置的车辆上共装有 3 个水平位置传感器。

（3）传感器结构

水平位置传感器主要是由定子和转子组成的，如图 2-6-6 所示。定子由多层电路板构成，电路板上有激励线圈、三个接收线圈以及控制装置。这三个接收线圈布置为多角星形，相位是彼此错开的。激励线圈装在电路板的背面。转子由一个封闭的线匝构成，线匝上连着传感器操纵臂（线匝与传感器操纵臂一同转动），线匝的形状与接收线圈的形状是一样的。

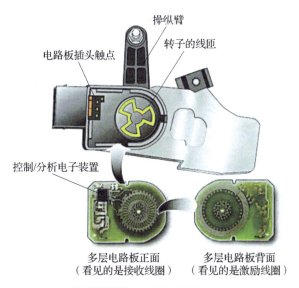

图 2-6-6 水平位置传感器结构

（4）工作原理

大众车系水平位置传感器 G84 是根据霍尔原理工作的，如图 2-6-7 所示。一块环形磁铁与传感器操纵杆曲拐轴连接在一起（转子），在分为两半的铁心（定子）之间由偏心安装的霍尔集成块与测量电子装置共同构成一个部件。根据环形磁铁的位置不同，穿过霍尔集成电路的磁场会发生变化，由此产生的霍尔信号就被测量电子装置按角度比例转换成电压信号，这个模拟的电压信号由控制单元 J197 接收，用于判定车身的水平状态。

该传感器的主要特点是产生两个不同的且与转角成比例的输出信号，其中一个输出信号提供一个与角度成比例的电压（用于前照灯照程调节），另一个输出信号提供一个与角度成比例的 PWM 信号（用于空气悬架）。左右两边水平位置传感器结构是相同的，只是支架和连动杆根据左右和车桥的不同而有所不同。左、右传感器操纵臂的偏转方向是相反的，所以输出的信号也是相反的。例如，车身一侧的传感器输出信号在空气悬架压缩时如果是增大的话，那么在车身另一侧该输出信号是减小的。

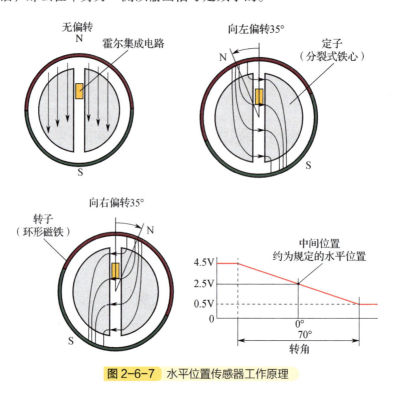

图 2-6-7　水平位置传感器工作原理

五、参考资料

序号	书名、材料名称	出版单位
1	汽车传感器从入门到精通	化学工业出版社
2	奥迪维修手册	一汽大众公司

学生笔记

任务七 汽车超声波传感器、毫米波雷达、激光雷达技术与应用

一、任务信息

任务难度	高级	推荐学时	2
案例导入		一位红旗轿车用户抱怨他的车辆倒车时，无法显示倒车影像，经检查发现超声波传感器出现故障，需要对超声波传感器进行检修与调试	
能力目标	素养	1. 学会沟通和交流，培养信息使用与收集素质 2. 养成规则意识、质量意识、法律法规意识 3. 具有正确的劳动观和劳动态度，以及爱岗敬业、吃苦耐劳的精神	
	知识	1. 熟知超声波传感器的作用 2. 了解毫米波雷达结构 3. 了解激光雷达工作原理	
	技能	1. 能够对激光雷达进行调试 2. 能够描述毫米波雷达工作原理 3. 能够诊断激光雷达故障	

二、任务准备

本任务实施所需维修手册、教学课件请扫描二维码。

三、任务实施

根据能力素养培养要求，以提出问题、分析问题、解决问题为导向，完成以下工作任务，并填写下列工作表。

工作表	超声波传感器、毫米波雷达、激光雷达
1. 简述泊车辅助超声波传感器工作原理。	
2. 简述毫米波雷达工作原理。	

3. 查阅资料，简述激光雷达的应用场景。

4. 写出倒车雷达改装计划。

四、参考信息

1. 超声波传感器的应用

（1）超声波定义

超声波是指波长短于 2cm 的机械波。声音传播速度取决于传播声音的介质密度。在标准大气压（10^5Pa）下且温度为 20℃时，声音在空气中的传播速度为 343m/s。超声波探测距离相对较短，适应测距范围在 0.1～3m 之间，在 0℃的水中，传播速度为 1407m/s，常见超声波传感器频率为 40kHz。

（2）安装位置

超声波传感器一般用于泊车辅助，安装在车辆前后保险杠上，如图 2-7-1 所示。在带有泊车距离控制功能车辆的前、后部各安装 4 个超声波传感器或只在车辆后部安装 4 个超声波传感器。

a）前超声波传感器　　　　b）后超声波传感器

图 2-7-1　汽车前、后保险杠上安装的超声波传感器

（3）超声波传感器结构

如图 2-7-2 所示，超声波传感器由发射器、接收器组成。发射器和接收器由振动线圈、永久磁铁、膜片构成。

脉冲电压作用于振动线圈时，其内部将产生一磁场，该磁场又反作用于永久磁铁的恒定磁场，因此，振动线圈的频率与脉冲电压相同。振动线圈与膜片相连，从而膜片也以相同的频率振动。膜片振动引起空气运动，产生超声波，如图 2-7-2a 所示。

如果声波射到物体（例如墙壁）上，那么就会根据墙壁特性或多或少地被反射回来。反射回来的声波回到超声波传感器，并由其内部的接收器接收。此时，超声波传感器测量

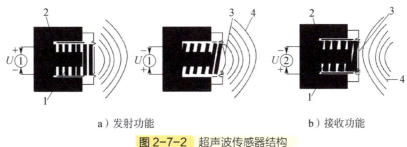

a）发射功能　　　　　　　　b）接收功能

图 2-7-2 超声波传感器结构

1—振动线圈　2—永久磁铁　3—膜片　4—声波

发射与接收反射的超声波之间经过的时间。根据这个测量时间，自动泊车辅助系统控制单元便可得出车辆与障碍物之间的距离，如图 2-7-2b 所示。

（4）工作原理

泊车辅助装置由泊车辅助雷达传感器、控制器、蜂鸣器等组成。泊车辅助雷达传感器安装在车辆后部保险杠上，如图 2-7-3 所示。它向汽车后部发射超声波，并接收反射回来的超声波。控制器接收从传感器传来的信号，经计算判断障碍物离车尾的距离，如达到报警位置，就传送信号给蜂鸣器。

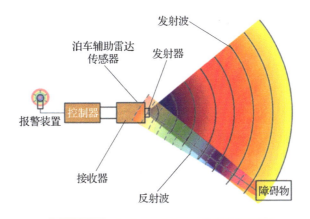

图 2-7-3 泊车辅助雷达传感器工作原理图

泊车辅助装置的有效检测范围如图 2-7-4、图 2-7-5 所示。

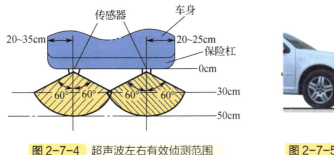

图 2-7-4 超声波左右有效侦测范围

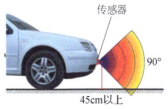

图 2-7-5 超声波上下侦测范围

2. 毫米波雷达

（1）毫米波雷达的定义

毫米波雷达是工作在毫米波频段的雷达，其波长为 1~10mm 的电磁波，频率范围为 30~300GHz。毫米波雷达是高级驾驶辅助系统（ADAS）的核心传感器之一，主要用于自适应巡航控制（ACC）系统、自动制动辅助系统、盲区监测系统、行人监测等。

（2）毫米波雷达的安装数量和安装位置

根据车辆驾驶辅助系统功能配置的不同，安装在车辆上的毫米波雷达类型和数量都有所不同。一般而言，驾驶辅助系统功能和配置越高的车辆，所使用的毫米波雷达越多。

24GHz 的毫米波雷达测量距离较短（5~30m），主要应用于汽车后方，77GHz 的毫米波雷达测量距离较长（0~200m），主要应用于汽车前方和两侧。

毫米波雷达可分为短程（SRR）、中程（MRR）、远程（LRR）毫米波雷达。短程毫米波雷达一般探测距离小于 60m；中程毫米波雷达一般探测距离为 100m 左右；远程毫米波雷达探测距离一般大于 200m。图 2-7-6 为中程毫米波雷达安装位置。

（3）毫米波雷达结构

毫米波雷达硬件包括微波集成电路（MMIC）芯片和天线印制电路板（PCB），博世（BOSCH）远程车载雷达系统内部结构主要包括天线、收发模块、信号处理模块，如图 2-7-7 所示。

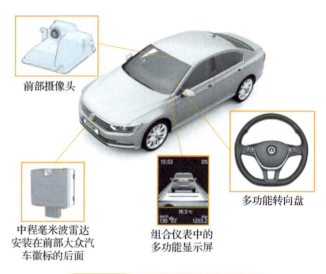

图 2-7-6　中程毫米波雷达安装位置

a）BOSCH 第二代长距离雷达

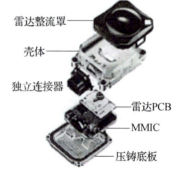

b）BOSCH 第三代长距离雷达

图 2-7-7　毫米波雷达结构

（4）毫米波雷达工作原理

车载毫米波雷达通过天线向外发射毫米波，接收目标反射信号，经后方处理后快速准确地获取汽车车身周围的物理环境信息（如汽车与其他物体之间的相对距离、相对速度、角度、运动方向等），然后根据所探知的物体信息进行目标追踪和识别分类，进而结合车身动态信息进行数据融合，最终通过中央处理单元（ECU）进行智能处理。经合理决策后，ECU以声、光及触觉等多种方式告知或警告驾驶员，或及时对汽车做出主动干预，从而保证驾驶过程的安全性和舒适性，降低事故发生概率（图2-7-8）。

在汽车主动安全领域，毫米波雷达是核心部件之一，其中77GHz毫米波雷达是智能汽车上必不可少的关键部件，是能够在全天候场景下快速感知0～200m范围内周边环境物体距离、速度、方位角等信息的传感器件。

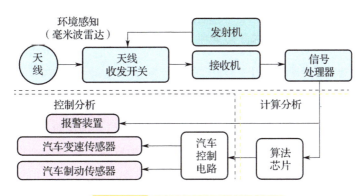

图2-7-8 毫米波雷达工作路径简图

1）位置及距离。毫米波雷达通过发射天线发出相应波段的有指向性的毫米波，当毫米波遇到障碍目标后反射回来，接收天线接收反射回来的毫米波。根据毫米波的波段，通过公式计算毫米波在途中飞行的时间，再结合前车行驶速度和本车的行驶速度因素，就可以知道毫米波雷达（本车）和目标之间的相对距离了，同时也就知道了目标的位置。毫米波的发射有两种方式：脉冲波体制、连续波体制，如图2-7-9所示。

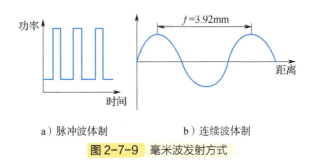

a）脉冲波体制　　　b）连续波体制

图2-7-9 毫米波发射方式

其中，连续波又可以分为频移键控（FSK）连续波、相移键控（PSK）连续波、恒频连续波（CW）、调频连续波（FMCW）等方式，各种体制区别见表2-7-1。

表 2-7-1 脉冲波体制和连续波体制对比

工作方式	脉冲波体制（脉冲多普勒雷达）	连续波体制		
		恒频连续波（CW）	频移键控（FSK）连续波	调频连续波（FMCW）
特点	1. 多用于近距离目标信息测量 2. 技术比较成熟 3. 测量过程简单，测量精度较高	可探测目标速度	1. 可探测移动目标的位置与速度信息 2. 探测时间短，精度高	1. 能同时测出多个目标的距离和速度信息，可对目标连续跟踪，系统敏感性高，错误报警率低 2. 不易受外界电磁噪声的干扰 3. 测量距离远，分辨率高 4. 所需发射功率低 5. 成本较低 6. 信号处理难易程度及实时性可达到系统要求
不足	1. 当目标近距离时，脉冲收发时间短，需要采用高速信号处理技术，结构要求复杂，成本大幅上升 2. 高分辨率需要占用较大带宽 3. 发射功率限制导致作用距离近	不能测量距离	不能同时测量多个目标	

图 2-7-10 所示是发射器/接收器与物体之间距离同信号传递时间的关系：图 2-7-10b 中的距离是图 2-7-10a 中的两倍，那么图 2-7-10b 中反射信号到达接收器所需时间就是图 2-7-10a 中的两倍。

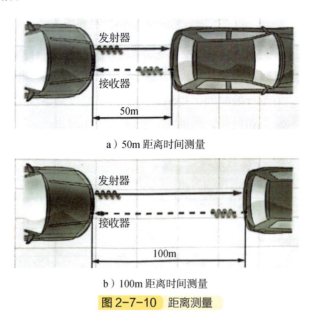

a）50m 距离时间测量

b）100m 距离时间测量

图 2-7-10 距离测量

直接的往返时间测量十分复杂。因此运用调频连续波（FMCW）测量方法对往返时间进行测量，将其作为持续发射并即时变频的高频振荡电波来使用，变频（调制）为 1ms 内 200MHz。

图 2-7-11 所示是 ±200MHz 的载波信号频率调制时的频率变化。

图 2-7-11　载波信号

在调频信号中振幅保持恒定不变，频率随时变化，在图 2-7-12 中，标有 A 的时间点的信号频率达到比较大值（单位时间内振动次数比较多）；标有 B 的时间点的信号频率比较小（单位时间内振动次数比较少）。

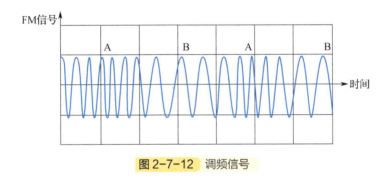

图 2-7-12　调频信号

发射信号与接收（反射）信号间的频率差值直接取决于物体之间的距离，如图 2-7-13 所示。距离越大，则发射信号接收的往返时间越长，并且发射频率与接收频率间的差值越大。

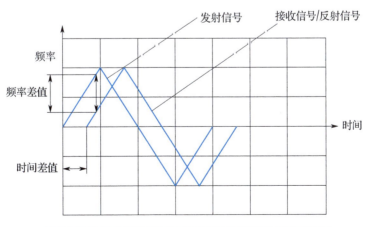

图 2-7-13　发射信号与接收（反射）信号间的频率差值

2）速度。根据多普勒效应，毫米波雷达的频率变化与本车和跟踪目标的相对速度是紧密相关的。根据反射回来的毫米波频率的变化，可以得知前方实时跟踪的障碍物目标和本车的相对运动速度。因此，表现出来就是，传感器发出安全距离报警时，若本车继续加速、前监测目标减速或前监测目标静止的情况下，毫米波反射回波的频率会越来越高，反之则频率越来越低。

3）方位角。通过毫米波雷达的发射天线发射出的毫米波，遇到被监测物体后反射回来，由毫米波雷达并列的接收天线接收，通过收到同一监测目标反射回来的毫米波的相位差，就可以计算出被监测目标的方位角了。其原理如图 2-7-14 所示。方位角（北偏西）α_{AZ} 是通过毫米波雷达接收天线 RX1 和接收天线 RX2 之间的几何距离 d，以及两根毫米波雷达天线所收到反射回波的相位差 b，然后通过三角形 ABC 计算得到方位角 α_{AZ}（北偏西）的值，这样就可以知道被监测目标的方位角了。位置、速度和方位角监测是毫米波雷达擅长之处，再结合毫米波雷达较强的抗干扰能力，可以全天候、全天时稳定工作，因此毫米波雷达被选为汽车核心传感技术。

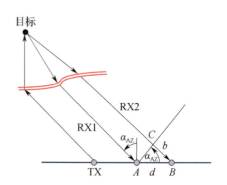

图 2-7-14 毫米波雷达确定方位角原理

3. 激光雷达

（1）激光雷达的作用

激光雷达是工作在光波频段的雷达，它利用光波频段的电磁波先向目标发射探测信号，然后将其接收到的回波信号与发射信号相比较，从而获得目标的位置（距离、方位和高度）、运动状态（速度、姿态）等信息，实现对目标的探测、跟踪和识别。

激光雷达最大的优势就是"精准"和"快速、高效作业"，它是一种用于精确获得三维位置信息的传感器，其在机器中的作用相当于人类的眼睛，能够确定物体的位置、大小、外部形貌甚至材质。

（2）激光雷达的安装位置

激光雷达一般安装在车辆的四周或车辆的车顶，如图 2-7-15 所示。安装在无人驾驶汽车四周的激光雷达，其激光线束一般小于 8，常见的有单线激光雷达和四线激光雷达。安装在无人车车顶的激光雷达，其激光线束一般不小于 16，常见的有 16/32/64 线激光雷达。

图 2-7-15 激光雷达在车上安装位置

（3）激光雷达的结构

激光雷达主要由激光器、接收器、信号处理单元和旋转机构这四大核心部件组成。

1）激光器：激光雷达中的激光发射机构，在工作过程中，它会以脉冲的方式点亮。有些雷达激光器亮灭频率达到16000次/s。

2）接收器：激光器发射的激光照射到障碍物以后，通过障碍物的反射，反射光线会经由镜头组汇聚到接收器上。

3）信号处理单元：信号处理单元负责控制激光器的发射，以及对接收器收到的信号进行处理。根据这些信息计算出目标物体的距离信息。

4）旋转机构：以上3个组件构成了测量的核心部件。旋转机构负责将上述核心部件以稳定的转速旋转起来，从而实现对所在平面的扫描，并产生实时的平面图信息，如图2-7-16所示。

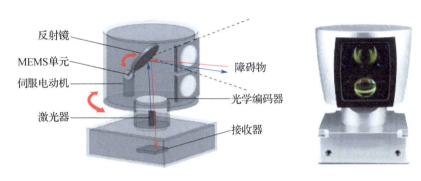

图2-7-16 激光雷达结构

（4）工作原理

激光雷达的测距原理是通过激光雷达发出激光束，激光束碰到障碍物后被反射回来，被激光接收系统进行接收和处理，从而得知激光从发射至被反射回来并接收之间的时间，即激光的飞行时间。根据飞行时间，可以计算出障碍物的距离。

激光测距的方法主要有脉冲测距法、相位测距法和三角测距法。

1）脉冲测距法。用脉冲法测量距离时，首先激光器发出一个光脉冲，同时设定的计数器开始计数，当接收系统接收到经过障碍物反射回来的光脉冲时停止计数。计数器所记录的时间就是光脉冲从发射到接收所用的时间。光速是一个固定值，只要得到发射到接收所用的时间就可以算出所要测量的距离。

2）相位测距法。相位法的测距原理是利用发射波和返回波之间所形成的相位差来测量距离的。首先，经过调制的频率通过发射系统发出一个正弦波的光束，然后，通过接收系统接收经过障碍物之后反射回来的激光。只要求出这两束光波之间的相位差，便可通过此相位差计算出待测距离。相位法的测距原理如图2-7-17所示。

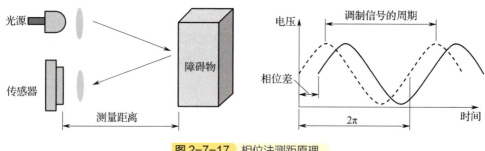

图 2-7-17 相位法测距原理

3）三角测距法。三角测距法即光源、被测物面、光接收系统三点共同构成一个三角形光路，由激光器发出的光线，经过汇聚透镜聚焦后入射到被测物体表面上，光接收系统接收来自入射点处的散射光，并将其成像在光电位置探测器敏感面上，通过光点在成像面上的位移来测量被测物面移动距离，如图 2-7-18 所示。

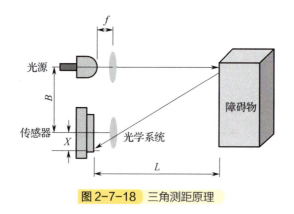

图 2-7-18 三角测距原理

4. 传感器调整

以下情况需要调整传感器。

1）调节或更改过后桥前束。
2）拆卸和安装过自适应巡航控制系统单元（传感器和控制器）。
3）拆卸和安装过前保险杠。
4）松开或移动过前保险杠。
5）由于受到强力影响而导致前保险杠损坏。
6）水平失调角度在 -0.8°~0.8° 范围以外。

下面介绍传感器调整方法。

自适应巡航控制系统单元用三个双头螺柱固定在支撑板上，如图 2-7-19 所示。支撑板与保险杠用螺柱连接。双头螺柱的末端为球头。球头被塑料球节套固定在支撑板的孔眼中。螺柱旋紧在传感器的塑料元件（卡夹）中。三个螺柱中的两个（A、B）螺柱用于调节传感器，第三个（C）螺柱与传感器外壳连接在一起，不可调节。

模块二 位置、角度传感器技术与应用

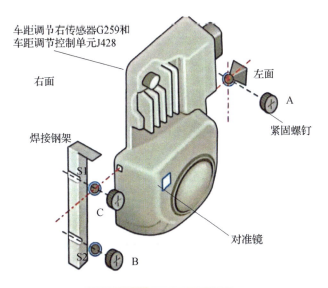

图 2-7-19 传感器位置调整

旋转螺柱（A 或 B），传感器与支撑板的间距就会改变，传感器绕着由不可调节的螺柱（C）和第二个未被操控的、可调节的螺柱（B 或 A）形成的轴线摆动。由此可对传感器单独进行水平方向和垂直方向的调整。在（旋转螺柱）调整时，必须使用调整专用工具。

校准过程的基本原理与 ACC 系统和车型无关。

必须将反射镜在车辆前面定位在与车辆几何行驶轴线垂直的位置上（几何行驶轴线显示的是后桥的转动方向，因此也是车辆直行时的运动方向）。精确定位反射镜时，需要使用一台四轮定位仪并进行相应的车轮基础定位。

确定雷达传感器的位置是否在规定范围时不需要进行完整的车轮定位测试，只需进行一次"快速启动"（进行轮辋跳动补偿和测量后桥前束）。接着，车距调节控制器指令雷达传感器发射雷达波并接收通过镜面反射的信号。

五、参考资料

序号	书名、材料名称	出版单位
1	汽车传感器从入门到精通	化学工业出版社
2	汽车传感器结构、原理、拆装、检测、维修	机械工业出版社

◆ 学生笔记

模块三

汽车温度传感器技术与应用

任务一　汽车温度传感器认知

一、任务信息

任务难度	中级	推荐学时	2
案例导入	要诊断车辆故障，必须了解传感器工作原理，特别是由于传感器故障导致发动机燃烧状况不佳故障，温度传感器故障是其中因素之一			
能力目标	素养	1. 能够展示操作成果 2. 能够按照保养手册和维修手册规定流程严谨规范操作 3. 能够与团队成员协作完成任务		
	知识	1. 掌握金属测温电阻式温度传感器工作原理 2. 熟悉热电偶式温度传感器 3. 了解典型传感器的特点		
	技能	1. 能够描述金属测温电阻式温度传感器工作原理 2. 能够描述热电偶式温度传感器工作原理 3. 能够描述三种电阻的特点		

二、任务准备

本任务实施所需教学课件请扫描二维码。

三、任务实施

根据能力素养培养要求，以提出问题、分析问题、解决问题为导向，完成以下工作任务，并填写下列工作表。

工作表	汽车温度传感器
1. 发动机上安装的温度传感器哪些是 NTC、PTC、CRT 型的？	

2. 简述热敏电阻的优缺点。

3. 使用 VAS6150 读取故障码。

四、参考信息

1. 概述

温度传感器广泛应用于现代汽车发动机、自动变速器和空调等系统，用于测量发动机的冷却液温度和进气温度、自动变速器油温度、空调系统环境温度和车内温度等，是发动机燃油喷射、自动变速器换档、离合器锁定、油压控制以及空调控制的重要信号。汽车上的温度传感器主要有金属测温电阻式、热敏电阻式和热电偶式三种类型。

（1）金属测温电阻式温度传感器

金属测温电阻式温度传感器常被称为热电阻温度传感器，它使用金属铂、铜和热敏铁氧体作为感测元件，这些材料的电阻温度系数、物理化学性能稳定且其自身的电阻率较大，在很宽的温度范围内能保持良好的性能，所以得到了广泛的应用。

（2）热敏电阻式温度传感器

热敏电阻是用陶瓷半导体材料与其他的金属氧化物（氧化镍、氧化铜、氧化钴、氧化锰）按适当的比例混合后高温烧结而制成的温度系数很大的电阻体，按电阻温度特性分为负温度系数（NTC）热敏电阻、线性正温度系数（PTC）热敏电阻、突变性正温度系数（PTC）热敏电阻、临界温度热敏电阻（CRT）。上述热敏电阻温度特性曲线，如图 3-1-1 所示。

图中，曲线 1 和曲线 4 为负温度系数（NTC 型）曲线，曲线 3 和曲线 2 为正温度系数（PTC 型）曲线。符合 1、2 特性曲线的热敏电阻适用于温度的测量，而符合 3、4 特性曲线的热敏电阻因特性曲线变化陡峭，更适用于组成控制开关电路，称为 SPTC 开关电阻。

（3）热电偶式温度传感器

热电偶式温度传感器是根据热电效应（温差电动势效应）制成的，即将两种不同材料的金属

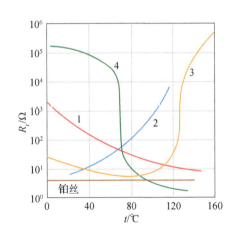

图 3-1-1 热敏电阻的温度特性曲线

1—负温度系数热敏电阻 2—线性正温度系数热敏电阻 3—突变性正温度系数热敏电阻 4—临界温度热敏电阻

黏合在一起。如图 3-1-2 所示，在 A、B 间产生温度差 ΔT_{AB} 时，两点间会出现一个电位差 ΔU_{AB}，即 A、B 两点间的电位差仅仅取决于其温度差的大小。被测物温度变化造成电位差的变化，电位差 ΔU_{AB} 的变化实际上反映的是被测物温度的变化。

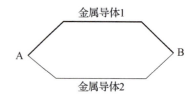

图 3-1-2 热电效应原理图

2. 典型传感器的特点

典型传感器特点见表 3-1-1。

表 3-1-1 典型传感器特点

测量用部件	优点	缺点
热敏电阻	①可测量很小部位的温度 ②可缩短滞后时间 ③灵敏度高 ④最适于测量微小的温度差 ⑤测量机构简单且价格低廉 ⑥因信噪比较高，所以对系统性计量工程来说经济性好	①因电阻与温度间的非线性程度较严重，有时需要做线性处理 ②有时需要互换电阻 ③振动较大的场合可能会造成损坏 ④不能忽略导线电阻造成的误差
热电偶	①可测定很小部位的温度 ②可缩短滞后时间 ③耐振动与冲击 ④适于测定温度差 ⑤测定范围宽	①需要标准触点 ②标准触点与补偿导线有误差 ③在常温下，不注意修正时，难以得到较高的精度
热电阻	①适于测定较大范围的平均温度 ②不需要标准触点等 ③与热电偶相比，常温时的精度较高	①难以缩短滞后时间 ②受导线电阻的影响，需要修正

五、参考资料

序号	书名、材料名称	出版单位
1	智能汽车传感器技术	机械工业出版社

 学生笔记

任务二　汽车发动机冷却液温度传感器技术与应用

一、任务信息

任务难度	中级	推荐学时	4
案例导入	客户抱怨，他的迈腾轿车发动机有黑烟冒出，耗油量加大，要求维修人员进行检修，经维修人员诊断是由于冷却液温度传感器线路出现故障，导致发动机燃烧状况不佳		
能力目标	素养	1. 能够展示操作成果 2. 能够以严谨的态度分析可能的故障原因，用规范的测量方法排查故障 3. 能够与团队成员协作完成任务	
	知识	1. 了解冷却液温度传感器结构 2. 了解进气温度传感器结构 3. 了解温度传感器的安装位置	
	技能	1. 能够描述由于冷却液温度传感器故障导致发动机工作状态不佳故障现象 2. 能够拆装冷却液温度传感器 3. 能够检测温度传感器	

二、任务准备

本任务实施所需教学课件、维修手册请扫描二维码。

三、任务实施

根据能力素养培养要求，以提出问题、分析问题、解决问题为导向，完成以下工作任务，并填写下列工作表。

工作表	冷却液温度传感器
1. 指出冷却液温度传感器安装位置。 2. 描述冷却液温度传感器原理。	

3. 查找维修手册，列出拆卸冷却液温度传感器的步骤和注意事项。

4. 参考维修手册，指出发动机冷却液温度传感器 G62 安装位置。

5. 参考维修手册，指出发动机冷却液温度传感器 G42 安装位置。

6. 使用示波器测出 G62 工作波形。

四、参考信息

1. 冷却液温度传感器和进气温度传感器

（1）安装位置

冷却液温度传感器一般安装在电喷发动机缸体缸盖的水套及上出水管、节温器等处。迈腾轿车冷却液温度传感器 G83 安装在散热器出口处，G62 安装在气缸盖的变速器侧，安装位置如图 3-2-1、图 3-2-2 所示。

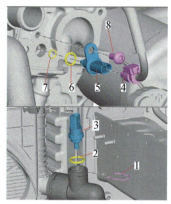

图 3-2-1 发动机冷却液温度传感器安装位置

1—固定夹　2、6、7—O 形圈
3—散热器出口处的冷却液温度传感器 G83
4—电气连接插头　5—冷却液温度传感器 G62
8—螺栓

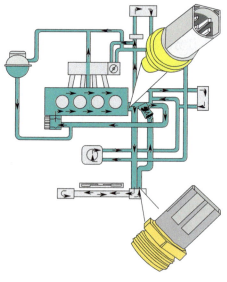

图 3-2-2 传感器安装位置

（2）工作原理

冷却液温度传感器的主要作用是检测冷却液温度，并将温度信号转换为电信号输入给发动机 ECU，ECU 通过此信号对发动机的喷油量和点火时刻进行修正。冷却液温度传感器内部是一个负温度系数热敏电阻，如图 3-2-3 所示。

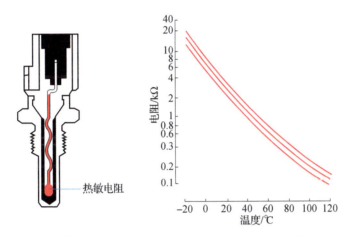

图 3-2-3 冷却液温度传感器结构及电阻与温度关系

（3）电路原理图

迈腾 B8 冷却液温度传感器电路图如图 3-2-4 所示。

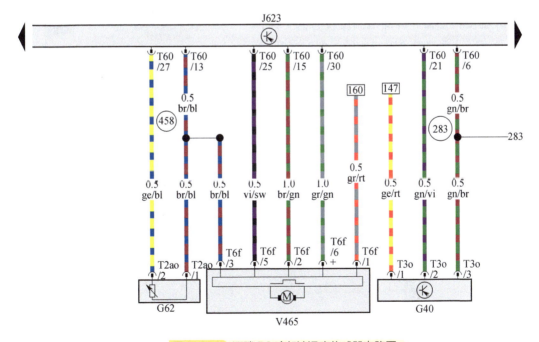

图 3-2-4 迈腾 B8 冷却液温度传感器电路图

G40—霍尔式传感器　G62—冷却液温度传感器　J623—发动机控制单元　V465—增压调节器

2. 进气温度传感器

（1）进气温度传感器作用

进气温度传感器的作用是检测进气管的进气温度，并将温度信号变换为电信号传送给电控单元（ECU）。进气温度信号是各种控制功能的修正信号，对于发动机能否在最佳工况下工作有着很重要的意义，如果进气温度传感器出现故障，发动机就会出现热起动困难、废气排放量大等问题。

涡轮增压发动机的进气温度传感器检测由涡轮增压器压缩并由增压冷却器冷却的新鲜空气的温度。如果是自然吸气发动机，则检测的是新鲜空气进气温度。因空气密度随温度的变化而变化，而喷油量是按空气质量来计算的，且理想空燃比是 14.7∶1，所以 ECU 必须根据进气温度对喷油量进行修正，以获得最佳的空燃比。

（2）安装位置

进气温度传感器通常安装在进气管路中，有的安装在空气流量传感器内，有的和进气歧管压力传感器安装在一起，有的还在空气流量传感器和谐振腔上各安装一个，以提高喷油器的控制精度。涡轮增压发动机上的进气温度传感器安装在增压空气冷却器和节气门之间的增压管路上，如图 3-2-5 所示。

（3）进气温度传感器工作原理

进气温度传感器和冷却液温度传感器一样，也是由负温度系数热敏电阻组成的，即温度升高时传感器的电阻降低，用来检测发动机进气温度。其工作特性曲线如图 3-2-6 所示。

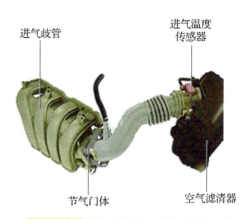

图 3-2-5 进气温度传感器的安装位置

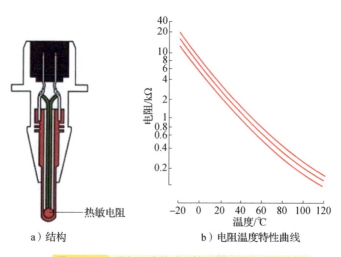

a）结构　　b）电阻温度特性曲线

图 3-2-6 进气温度传感器的结构和工作特性曲线

（4）连接电路

迈腾 B8 进气温度传感器连接电路，如图 3-2-7 所示。

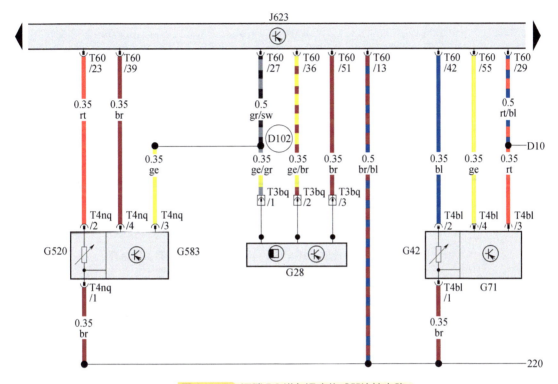

图 3-2-7　迈腾 B8 进气温度传感器连接电路

G28—发动机转速传感器　G42—进气温度传感器　G71—进气管压力传感器　G520—进气温度传感器
G583—进气管压力传感器　J623—发动机控制单元

五、参考资料

序号	书名、材料名称	出版单位
1	汽车传感器从入门到精通	化学工业出版社
2	汽车传感器检测与维修快速入门 60 天	机械工业出版社

📝 学生笔记

任务三　汽车空调温度传感器技术与应用

一、任务信息

任务难度	中级	推荐学时	4
案例导入	\multicolumn{3}{l|}{客户抱怨，他的迈腾轿车自动空调不制冷，要求检修，经维修人员诊断是由于蒸发器出口温度传感器出现故障，造成空调压缩机时断时续工作，导致空调制冷不佳}		
能力目标	素养	\multicolumn{2}{l|}{1. 能够展示操作成果 2. 能够与团队成员协作完成任务 3. 能够做好"5S"管理}	
	知识	\multicolumn{2}{l|}{1. 了解车内、车外空气温度传感器结构 2. 了解蒸发器出口温度传感器安装位置 3. 了解蒸发器出口温度传感器工作原理}	
	技能	\multicolumn{2}{l|}{1. 能够描述车内、车外空气温度传感器工作原理 2. 能够拆装车内、车外空气温度传感器 3. 能够检测车内、车外空气温度传感器}	

二、任务准备

本任务实施所需教学课件、维修手册请扫描二维码。

三、任务实施

根据能力素养培养要求，以提出问题、分析问题、解决问题为导向，完成以下工作任务，并填写下列工作表。

工作表	汽车空调温度传感器
1. 指出 G89 的安装位置。	
2. 查找迈腾车外温度传感器 G17 相关电路，并画出简图。	

3. 参考下图 G89 传感器，指出它的安装位置。

4. 测量新鲜空气温度传感器的电阻值（热水杯、温度计、万用表），填写下表并画出温度和电阻值关系曲线。

温度 /℃	电阻值 /Ω
10	
15	
30	
50	
80	

5. 蒸发器出口温度传感器的作用是什么？

6. 使用示波器测量温度传感器波形。

四、参考信息

1. 概述

自动空调在汽车上的使用越来越普遍，所用传感器主要有车外温度传感器、新鲜空气（进气道）温度传感器、室内（仪表板）温度传感器、脚部出风口温度传感器、阳光照射强度光敏传感器、蒸发器温度传感器等。奥迪 A6 轿车自动空调控制系统电路如图 3-3-1 所示。

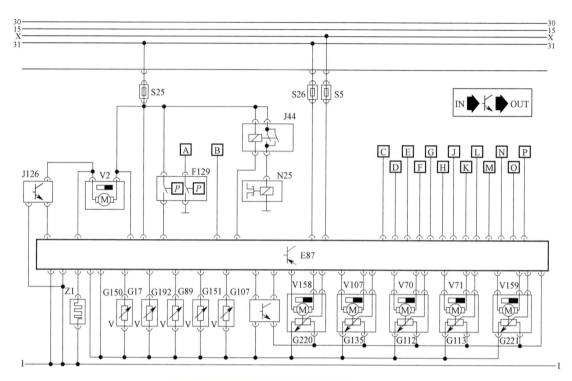

图 3-3-1 奥迪 A6 轿车自动空调控制系统电路

G107—阳光强度光敏电阻　G17—环境温度传感器　G89—新鲜空气进气温度传感器　G150—左出风口温度传感器　G151—右出风口温度传感器　G192—脚坑出风口温度传感器　V71—驱动通风风门和新鲜空气/空气再循环风门伺服电动机　G113—驱动通风风门和新鲜空气/空气再循环风门电位计　V158—左侧温度风门伺服电动机　G220—左侧温度风门电位计　V159—右侧温度风门伺服电动机　G221—右侧温度风门电位计　V107—除霜风门伺服电动机　G135—除霜风门电位计　V70—中央风门/脚坑风门伺服电动机　G112—中央风门/脚坑风门电位计　V2—鼓风机　J126—鼓风机控制单元　N25—电磁离合器　E87—空调显示控制单元

2. 车内、车外空气温度传感器

（1）车内、车外空气温度传感器的作用

车内、车外空气温度传感器用于测量车内、车外空气温度并把测得的温度以电信号的形式输入汽车空调控制系统 ECU，从而实现汽车空调控制系统对工作温度的控制，保持汽车内部温度在恒定的设定范围。

（2）车内、车外空气温度传感器的安装位置

车内、车外空气温度传感器一般安装在汽车的前部，而车内空气温度传感器有两个，一个安装在驾驶室内的仪表板下面，一个安装在后风窗玻璃下面，如图 3-3-2 所示。

（3）车内、车外空气温度传感器的结构与工作原理

车内、车外空气温度传感器均由负温度系数的热敏电阻制成。

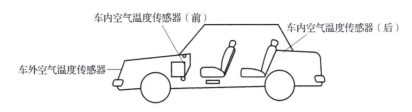

图 3-3-2　车内、车外空气温度传感器的安装位置

1）车内空气温度传感器。车内空气温度传感器将热敏电阻装在塑料壳内，利用抽风装置（利用空调组件内的气流工作或设有专用电动机吸入空气）将车内空气从吸气孔处吸入塑料壳内来检测车内空气温度（图 3-3-3）。

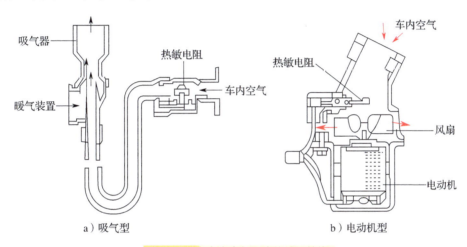

图 3-3-3　车内空气温度传感器结构

2）车外空气温度传感器。车外空气温度传感器用于检测车外环境的温度，其阻值随环境温度的变化而变化，并把这种变化信号输入给空调控制系统 ECU，使 ECU 控制空调压缩机运转，从而保持车内的温度在恒定的范围内。

3. 蒸发器出口温度传感器

（1）蒸发器出口温度传感器的安装位置

蒸发器出口温度传感器是一个 NTC 传感器，安装在汽车空调系统的蒸发器片上，如图 3-3-4 所示。

（2）蒸发器出口温度传感器作用

蒸发器出口温度传感器用于检测蒸发器表面的温度变化，从而控制压缩机的工作状况。工作时，空调控制单元接收出口温度传感器的温度信号，将此信号转化为电信号输入空调系统 ECU，ECU 将输入的温度信号与设定的温度

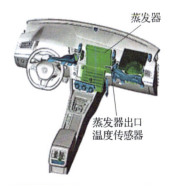

图 3-3-4　蒸发器出口温度传感器安装位置

调节信号进行比较后,控制空调压缩机电磁离合器的通断,从而对压缩机的工作进行控制。同时,ECU 还能利用此传感器检测到的温度信号防止蒸发器出现结冰现象。空调系统的原理图如图 3-3-5 所示。

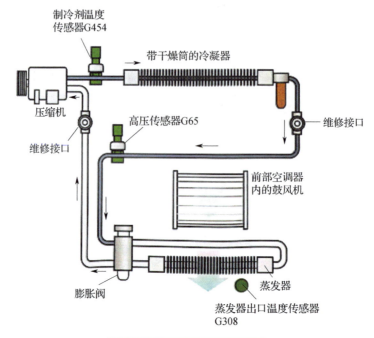

图 3-3-5 空调系统的原理图

（3）传感器检测

若空调系统发生了故障,且在蒸发器的制冷剂出口处即高压管路上出现了结冰现象（即冰堵）,同时压缩机不能正常工作,则可能是蒸发器出口温度传感器出现故障或者是连接出现断路、短路。此时,应对蒸发器出口温度传感器和电路进行检测,图 3-3-6 所示为速腾轿车蒸发器出口温度传感器 G308 与控制单元连接电路,检测方法如下。

1）连接情况检查。检查蒸发器出口温度传感器和空调控制器总成之间的插接器及各导线的连接情况。

2）电压测量。拆卸右侧的脚部空间饰板,但连接线不断开,将点火开关旋至 ON 位置,用万用表测量传感器端子 1 和端子 2 之间的电压,测量时电压会随温度的升高而下降,在 0℃时电压约为 2.0~2.4V,在 15℃时电压约为 1.4~1.8V。

3）电阻测量。拆下蒸发器出口温度传感器,测量插接器端子 1 和端子 2 之间的电阻,正常电阻值为 4.5~5.2kΩ（0℃）、2.0~2.7kΩ（15℃）。

4）若没有该传感器的信号,控制单元就无法知道蒸发器后的空气温度有多高,这样空调压缩机的自适应控制就无法进行。在此情况下,压缩机的功率输出将会降低到不允许蒸发器结冰的温度。

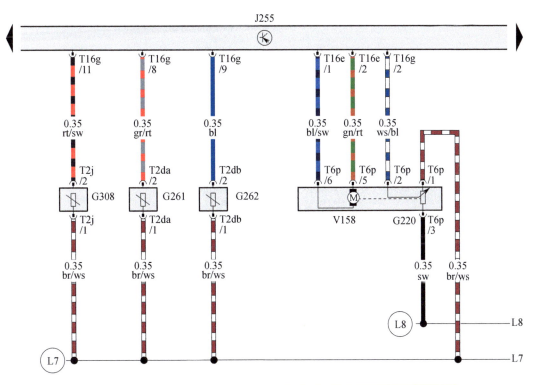

图 3-3-6 速腾轿车蒸发器出口温度传感器 G308 与控制单元连接电路

G220—左侧温度风门电位计　G261—左侧脚部空间出风口温度传感器　G262—右侧脚部空间出风口温度传感器
G308—蒸发器出口温度传感器　J255—Climatronic 控制单元

五、参考资料

序号	书名、材料名称	出版单位
1	汽车传感器从入门到精通	化学工业出版社
2	汽车传感器检测与维修快速入门 60 天	机械工业出版社

学生笔记

任务四 排气温度、EGR 系统监测温度传感器技术与应用

一、任务信息

任务难度	中级		推荐学时	4
案例导入	\multicolumn{4}{l|}{客户抱怨，他的迈腾轿车发动机着火后发抖，经维修人员诊断是由于 EGR 系统监测温度传感器出现故障导致发动机发抖}			
能力目标	素养	1. 能够进行安全操作 2. 能够与团队成员协作完成任务 3. 能够做好 "5S" 管理		
	知识	1. 了解排气温度传感器结构 2. 了解 EGR 系统监测温度传感器安装位置 3. 了解排气温度传感器安装位置		
	技能	1. 能够描述排气温度传感器工作原理 2. 能够拆装 EGR 系统监测温度传感器 3. 能够检测 EGR 系统监测温度传感器		

二、任务准备

本任务实施所需教学课件请扫描二维码。

三、任务实施

根据能力素养培养要求，以提出问题、分析问题、解决问题为导向，完成以下工作任务，并填写下列工作表。

工作表	排气温度、EGR 系统监测温度传感器
1. 指出排气温度传感器安装位置。	
2. 分析 EGR 系统监测温度传感器出现故障的原因。	
3. 测量 EGR 传感器波形。	
4.EGR 阀打开时电压值为_____，关闭时电压值为_____。	

四、参考信息

1. 排气温度传感器

（1）作用

在一些高压共轨柴油车上，会配置排气温度传感器，用于检测转化器内的排气温度。当排气温度过高时，此传感器将过高的温度信号以电信号的形式输入 ECU，ECU 经过分析处理后启动异常高温报警系统，使排气温度警告灯点亮，从而向驾驶人发出报警信号。

（2）安装位置

排气温度传感器安装在汽车排气装置的涡轮增压器或者三元催化转化器上，如图 3-4-1、图 3-4-2 所示。

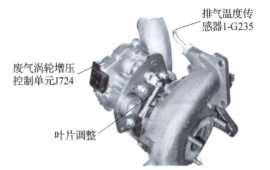

图 3-4-1　安装在涡轮增压器上的排气温度传感器

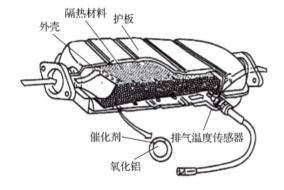

图 3-4-2　安装在三元催化转化器上的排气温度传感器

（3）排气温度传感器结构

汽车常用排气温度传感器是热敏电阻式，如图 3-4-3 所示。

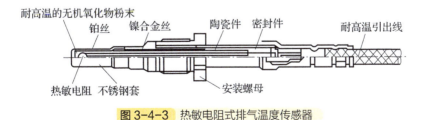

图 3-4-3　热敏电阻式排气温度传感器

（4）排气温度传感器工作原理

排气温度报警系统电路如图 3-4-4 所示。

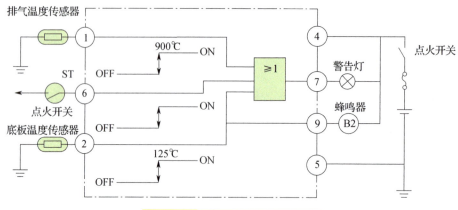

图 3-4-4 排气温度报警系统电路

在车辆行驶过程中,如果排气温度过高超过 900℃,则排气温度传感器的电阻值会降到 0.43kΩ 以下,此时排气温度警告灯点亮;当车厢底板温度超过 125℃时,底板温度传感器的电阻值超过 2kΩ,这时在排气温度警告灯点亮的同时蜂鸣器也发出响声。当排气温度在 900℃以下,底板温度也低于 125℃时,排气温度传感器的电阻值大于 0.43kΩ,底板温度传感器的电阻值小于 2kΩ,这时排气温度警告灯不亮,蜂鸣器也无声响。

(5)排气温度传感器的检测

如果车辆在行驶过程中排气温度报警系统在排气温度及底板温度超过规定值时无法进行报警或警告灯不亮,蜂鸣器也无声响,则说明排气温度报警系统的电路出现故障。在这种情况下,车辆继续行驶会损坏催化转化器,进而造成排气管堵塞,影响发动机的工作性能,使其工作不稳定,因此需要对相应部件进行检修。排气温度传感器由于经常承受低温怠速起动到高温负荷下的温度剧变,还要承受发动机及车身的振动,因此极易损坏,应先对其进行检测,方法如下:

1)就车检测。打开点火开关,起动发动机,排气指示灯亮,起动后指示灯熄灭则说明电路连接良好,传感器也良好。

2)单体检测。断开点火开关,拆下排气温度传感器,用火焰加热其顶部约 40mm 的部分,至火焰呈暗红色时测量其电阻值,应在 0.4~20kΩ 之间。如果不在此范围内,则说明传感器已损坏,须更换传感器。

2.EGR 系统监测温度传感器

(1)EGR 系统监测温度传感器的作用

废气再循环(EGR)系统监测温度传感器用来监测 EGR 阀内再循环气体的温度变化情况,从而控制从排气歧管出来的部分废气再循环地进入进气歧管中,以降低气缸的最高燃烧温度,并减少尾气中 NO_x 的含量,从而减少对环境的污染。

(2)EGR 系统监测温度传感器的安装位置

EGR 系统监测温度传感器安装在 EGR 阀的进气道上,如图 3-4-5 所示。

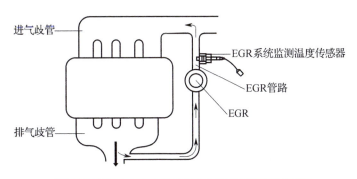

图 3-4-5　EGR 系统监测温度传感器的安装位置

（3）EGR 系统监测温度传感器的结构

EGR 系统监测温度传感器也是采用负温度系数的热敏电阻作为检测元件，如图 3-4-6 所示。

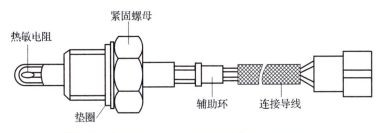

图 3-4-6　热敏电阻式 EGR 系统监测温度传感器结构

（4）EGR 系统监测温度传感器的作用

EGR 阀在发动机中速运转及中等负荷时开启；在发动机低速运转、冷却液温度低于 60℃时关闭，以防止发动机怠速不稳；发动机在大负荷运转时，EGR 阀也保持关闭以保证发动机有足够的功率输出。EGR 系统监测温度传感器检测的温度范围为 50～400℃。

五、参考资料

序号	书名、材料名称	出版单位
1	智能汽车传感器技术	机械工业出版社
2	迈腾轿车维修手册	一汽大众公司

学生笔记

任务五　混合动力蓄电池温度传感器技术与应用

一、任务信息

任务难度		中级	推荐学时	4
案例导入		\multicolumn{3}{c}{客户抱怨，他的丰田混合动力汽车仪表电池警告灯闪亮，经维修人员诊断是蓄电池温度传感器出现故障}	
能力目标	素养	\multicolumn{3}{c}{1. 能够进行安全操作 2. 能够与团队成员协作完成任务 3. 能够做好"5S"管理}	
	知识	\multicolumn{3}{c}{1. 了解蓄电池温度传感器结构 2. 了解蓄电池温度传感器工作原理}	
	技能	\multicolumn{3}{c}{1. 能够描述蓄电池温度传感器工作原理 2. 能够拆装蓄电池温度传感器}	

二、任务准备

本任务实施所需教学课件请扫描二维码。

三、任务实施

根据能力素养培养要求，以提出问题、分析问题、解决问题为导向，完成以下工作任务，并填写下列工作表。

工作表	混合动力蓄电池温度传感器
1. 指出混合动力蓄电池温度传感器安装位置。	
2. 简述混合动力蓄电池温度传感器工作原理。	
3. 简述混合动力蓄电池温度传感器组成。	

四、参考信息

1. 混合动力汽车蓄电池温度传感器

（1）作用

HV 蓄电池温度传感器检测蓄电池内的温度。HV ECU 根据 HV 蓄电池温度传感器信号控制电池冷却风扇。

（2）安装位置

混合动力汽车蓄电池在车上的位置如图 3-5-1 所示。

混合动力汽车具有两个蓄电池，一个是低压蓄电池（辅助供电 12V），另一个是 HV 蓄电池（电压 244.8V）。HV 蓄电池安装于汽车尾部。HV 蓄电池总成主要包括 HV 蓄电池（蓄电池智能单元）、4 个 HV 蓄电池温度传感器（0 号、1 号、2 号、3 号温度传感器）、1 个 HV 蓄电池进气温度传感器、混合动力蓄电池接线盒总成、蓄电池冷却鼓风机总成、蓄电池管理控制单元（蓄电池电压传感器）和维修塞把手，如图 3-5-2 所示。

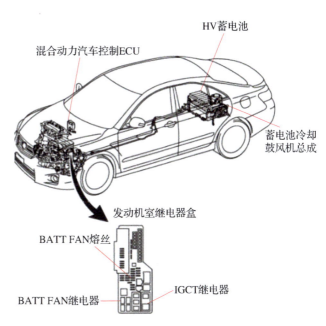

图 3-5-1 混合动力汽车蓄电池在车上的位置

（3）工作原理

HV 蓄电池温度传感器是用负温度系数热敏电阻制成的。内置于各蓄电池温度传感器中的热敏电阻的阻值根据 HV 蓄电池温度的变化而变化（图 3-5-3）。蓄电池智能单元用蓄电池温度传感器检测 HV 蓄电池温度，并将检测值发送到混合动力车辆控制 ECU。混合动力车辆控制 ECU 根据此结果控制冷却风

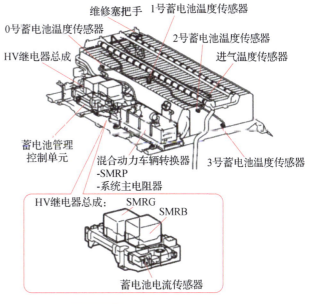

图 3-5-2 混合动力蓄电池总成

扇。HV 蓄电池温度高于预定标准时，冷却风扇运转。

2. HV 蓄电池进气温度传感器

（1）HV 蓄电池进气温度传感器的作用

HV 蓄电池进气温度传感器检测从进气管进入的空气温度，HV ECU 根据进气温度传感器信号控制电池冷却风扇。

（2）HV 蓄电池进气温度传感器的安装位置

HV 蓄电池进气温度传感器安装在 HV 蓄电池上（图 3-5-2）。

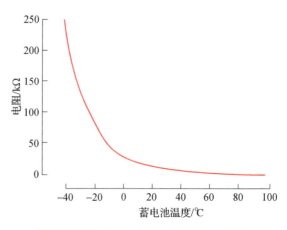

图 3-5-3 HV 蓄电池温度传感器的特性曲线

（3）HV 蓄电池进气温度传感器工作原理

HV 蓄电池进气温度传感器电阻随进气温度的变化而变化，其特性与 HV 蓄电池温度传感器的特性相同（参考 HV 蓄电池温度传感器的特性曲线）。蓄电池管理控制单元用来自进气温度传感器的信号控制蓄电池冷却鼓风机总成的气流量。

（4）HV 蓄电池进气温度传感器与 ECU 的连接电路

HV 蓄电池进气温度传感器与 ECU 的连接电路如图 3-5-4 所示。

图 3-5-4 HV 蓄电池进气温度传感器与 ECU 的连接电路

五、参考资料

序号	书名、材料名称	出版单位
1	智能汽车传感器技术	机械工业出版社
2	汽车传感器检测与维修快速入门60天	机械工业出版社

学生笔记

任务六　热敏铁氧体式温度传感器技术与应用

一、任务信息

任务难度	中级	推荐学时	2
案例导入	客户抱怨，他的迈腾轿车散热器风扇常转，经维修人员诊断为散热器风扇温度传感器出现故障		
能力目标	素养	1. 能够展示操作成果 2. 能够与团队成员协作完成任务 3. 具有严谨、规范、精益求精的工匠精神	
	知识	了解热敏铁氧体式温度传感器结构及安装位置	
	技能	1. 能够正确描述热敏铁氧体式温度传感器的工作原理 2. 能够检测热敏铁氧体式温度传感器	

二、任务准备

本任务实施所需教学课件和电路图请扫描二维码。

三、任务实施

根据能力素养培养要求，以提出问题、分析问题、解决问题为导向，完成以下工作任务，并填写下列工作表。

工作表	热敏铁氧体式温度传感器
1. 描述热敏铁氧体式温度传感器结构及安装位置。	
2. 简述热敏铁氧体式温度传感器的工作原理。	

四、参考信息

1. 热敏铁氧体式温度传感器结构及安装位置

热敏铁氧体式温度传感器常安装在散热器冷却水的循环通路上,用于控制散热器冷却风扇开闭,它由永久磁铁、舌簧开关和热敏铁氧体等组成,其结构及安装位置如图 3-6-1 和图 3-6-2 所示。

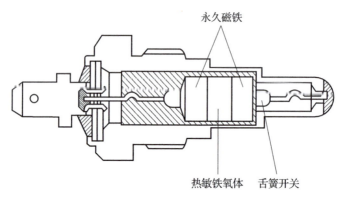

图 3-6-1 热敏铁氧体式温度传感器的结构

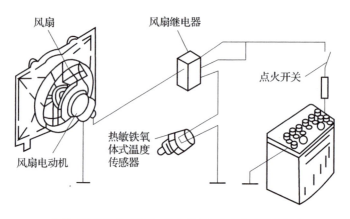

图 3-6-2 热敏铁氧体式温度传感器的安装位置

2. 热敏铁氧体式温度传感器的工作原理

热敏铁氧体是强磁性材料,当超过某温度时,铁氧体的磁导率急剧下降,即具有从强磁性体向弱磁性体急速转变的性质。这种急变温度称为居里温度。利用居里特性和舌簧开关配合制成热敏开关(或者传感器)可接通或关闭电路。

当其被磁化时,磁力线通过舌簧开关的触点产生吸引力,使舌簧开关触点闭合而接通电路。在冷却系统中,舌簧开关的闭合使冷却风扇的继电器断开,冷却风扇停止工作。反之则令冷却风扇开始工作。其控制电路原理如图 3-6-3 所示。

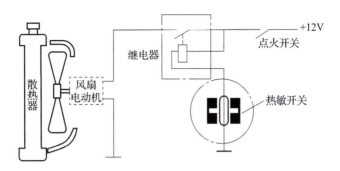

图 3-6-3 冷却系统控制电路原理

五、参考资料

序号	书名、材料名称	出版单位
1	智能汽车传感器技术	机械工业出版社

学生笔记

模块四

流量传感器技术与应用

任务一　热线式空气流量传感器技术与应用

一、任务信息

任务难度	中级	推荐学时	2
案例导入	客户抱怨，一辆别克君威轿车发动机怠速时发抖，要求维修人员进行维修，经维修人员诊断为空气流量传感器（空气流量计）出现故障导致发动机怠速发抖		
能力目标	素养	1. 培养安全环保意识、遵守法律法规意识 2. 能够按照保养手册和维修手册规定流程严谨规范操作 3. 养成职业规范、诚信意识、质量意识	
	知识	1. 掌握热线式空气流量传感器（流量计）的结构 2. 熟悉热线式空气流量传感器（流量计）的安装位置 3. 了解热线式空气流量传感器（流量计）的特点	
	技能	1. 能够描述热线式空气流量传感器（流量计）的工作原理 2. 能够掌握热线式空气流量传感器（流量计）的结构 3. 能够诊断热线式空气流量传感器（流量计）故障	

二、任务准备

本任务实施所需教学课件请扫描二维码。

三、任务实施

根据能力素养培养要求，以提出问题、分析问题、解决问题为导向，完成以下工作任务，并填写下列工作表。

| 工作表 | 热线式空气流量传感器 |

1. 描述热线式空气流量传感器的结构。

2. 参考下图描述热线式空气流量传感器工作原理。

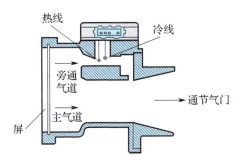

3. 描述热线式空气流量传感器安装位置。

4. 下图是别克君威轿车空气流量传感器电路，试分析空气流量传感器不工作故障原因。

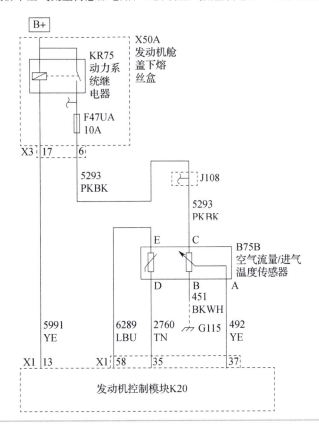

085

四、参考信息

1. 空气流量传感器概述

空气流量传感器是测量吸入发动机的空气流量大小的传感器，空气流量传感器（Air Flow Sensor，AFS）又称为空气流量计。

空气流量传感器用于检测发动机进气量的大小，并将空气流量信号转换成电信号输入电控单元（ECU），以供 ECU 计算确定喷油时间（即喷油量）和点火时间。空气流量信号是发动机 ECU 计算喷油时间和点火时间的主要依据。如果空气流量传感器或其线路出现故障，将造成混合气过浓或过稀，使发动机运转不正常。

（1）空气流量传感器的安装位置

空气流量传感器一般安装在进气管上，如图 4-1-1 所示。

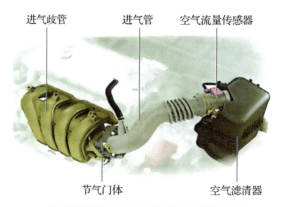

图 4-1-1 空气流量传感器安装位置

（2）空气流量传感器的类型

根据检测进气量的方式不同，空气流量传感器分为 D 型（即压力型）和 L 型（即流量型）两种类型。

L 型中热丝式空气流量传感器是目前发动机上应用最多的空气流量传感器，按照其热丝的类型又分为 3 种，即热线式、热膜式、热阻式。

2. 热线式空气流量传感器

（1）热线式空气流量传感器结构

热线式空气流量传感器由铂热线、温度补偿电阻（冷线）、取样管、控制线路板、防护网及连接器等组成，它有两个极细的铂丝（直径为 0.01～0.05mm），如图 4-1-2 所示。其中

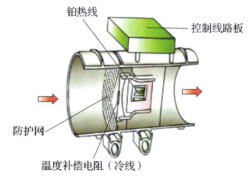

图 4-1-2 热线式空气流量传感器

一个铂丝被电流加热至 120℃ 左右，故称之为热线；另一个铂丝是温度补偿电阻，也称为冷线。

（2）热线式空气流量传感器工作原理

图 4-1-3 所示为热线式空气流量传感器电路。当流过空气质量增大时，由于空气带走的热量增多，为保持热线温度，集成电路应使热线电阻 R_H 通过的电流增大，反之，则应减小。这样，便使通过热线电阻 R_H 的电流随空气质量流量的增大而增大，反之，随空气质量流量的减小而减小。热线电流 I_H 在 50~120mA 之间变化，大小取决于空气质量流量。热线加热电流给出输出信号，大小为通过惠斯通电桥电路中精密电阻 R_A 上的电压降，该电压为输入 ECU 信号，该信号用来判断通过传感器的空气量。在惠斯通电桥的另一端有温度补偿电阻 R_K 和电桥电阻 R_B，为了减少电能消耗，它的电阻值较高，通过的电流仅有几毫安。温度补偿电阻 R_K 用于测量进气温度。

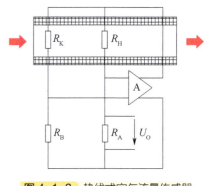

图 4-1-3 热线式空气流量传感器电路

R_H—热线电阻　R_K—温度补偿电阻
R_A—精密电阻　R_B—电桥电阻

五、参考资料

序号	书名、材料名称	出版单位
1	汽车传感器从入门到精通	化学工业出版社
2	汽车传感器检测与维修快速入门 60 天	机械工业出版社
3	君威汽车维修手册	上海通用公司

学生笔记

任务二　热膜式空气流量传感器技术与应用

一、任务信息

任务难度		高级	推荐学时	2
案例导入		客户抱怨，一辆迈腾（GTE）混合动力轿车发动机发抖，要求维修人员进行维修，经维修人员诊断为空气流量传感器（空气流量计）出现故障导致发动机怠速发抖		
能力目标	素养	1. 培养安全意识、环保意识、法律意识、规则意识和服务意识 2. 培养逻辑思维、语言表达能力		
	知识	1. 掌握热膜式空气流量传感器（流量计）的结构 2. 熟悉热膜式空气流量传感器（流量计）的安装位置 3. 了解热膜式空气流量传感器（流量计）的特点		
	技能	1. 能够描述热膜式空气流量传感器（流量计）的工作原理 2. 能够诊断热膜式空气流量传感器（流量计）的故障		

二、任务准备

本任务实施所需教学课件、维修手册请扫描二维码。

三、任务实施

根据能力素养培养要求，以提出问题、分析问题、解决问题为导向，完成以下工作任务，并填写下列工作表。

工作表	热膜式空气流量传感器

1. 描述热膜式空气流量传感器组成结构。

2. 描述热膜式空气流量传感器工作原理。

模块四 流量传感器技术与应用

3. 描述热膜式空气流量传感器安装位置。

4. 下图为迈腾 B8 轿车空气流量传感器与发动机控制单元连接电路，写出空气流量传感器 G238 供电端子：_____；信号端子：_____；搭铁端子：_____；G238 是如何将传感器信号传递到发动机控制单元 J623 上的？

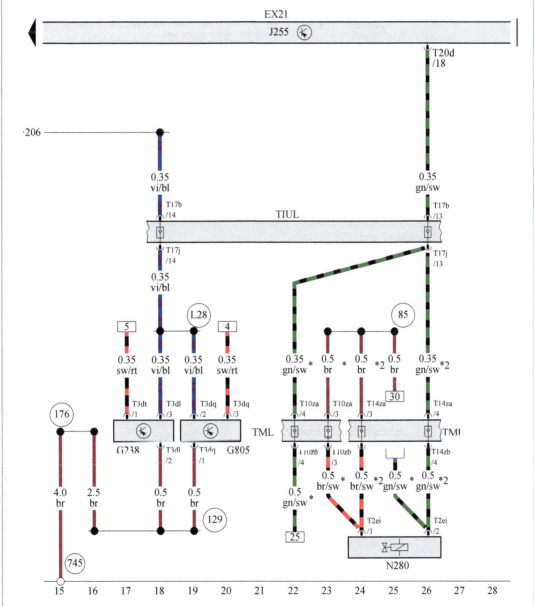

EX21—暖风/空调操作　G238—空气流量传感器　G805—冷却液循环管路压力传感器　J255—全自动空调控制单元
N280—空调压缩机调节阀

四、参考信息

1. 热膜式空气流量传感器结构

热膜式空气流量传感器的发热体是热膜（由发热金属铂固定在薄的树脂膜上制成），故称热膜电阻。热膜式空气流量传感器的结构如图 4-2-1 所示。

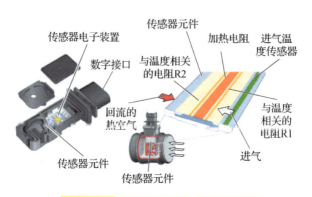

图 4-2-1 热膜式空气流量传感器结构

热膜式空气流量传感器包括传感器电子装置、传感器元件、测量管路、电路、数字接口等。

2. 热膜式空气流量传感器工作原理

在热膜式空气流量传感器中，采用了恒温差控制电路来实现流量检测，电路原理如图 4-2-2 所示。发热元件电阻 R_H 和温度补偿电阻（进气温度传感器）R_T 分别连接在惠斯通电路的两个臂上。当发热元件的温度高于进气温度时，电桥电压才能达到平衡，并由具有电流放大作用的控制电路 A 控制加热电流（50~120mA）来使发热元件温度 T_H 与补偿电阻温度 T_T 之差保持恒定（即 $\Delta T = T_H - T_T = 120℃$）。

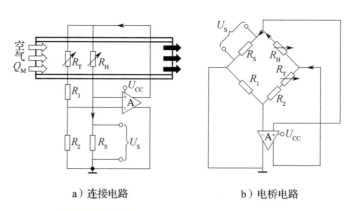

a）连接电路　　　　　b）电桥电路

图 4-2-2 热膜式空气流量传感器电路原理

R_T—温度补偿电阻（进气温度传感器）　R_H—发热元件（热丝或热膜）电阻　R_S—信号取样电阻
R_1、R_2—精密电阻　U_{CC}—电源电压　U_S—信号电压　A—控制电路当空气流经发热元件并使其受到冷却时，发热元件温度降低，阻值减小，电桥电压失去平衡，控制电路将增大供给发热元件的电流，使其温度保持高于补偿电阻温度120℃。电流增量的大小，取决于发热元件受到冷却的程度，即取决于流过传感器的空气量。当电桥电流增大时，取样电阻 R_S 上的电压就会升高，从而将空气流量的变化转为信号电压 U_S 的变化。信号电压输入 ECU，ECU 可根据信号电压高低计算出空气质量流量的大小。

当发动机怠速或空气为热空气时，因为怠速时节气门关闭或接近全闭，所以空气流速低，空气量少；又因空气温度越高空气密度越小，所以在体积相同的情况下，热空气的质量小，因此发热元件受到冷却的程度小，阻值减小的幅度小，所以电桥平衡需要的电流小，故取样电阻上的信号电压低。ECU 根据信号电压即可计算出空气量。

当发动机负荷增大或空气为冷空气时，因为节气门开度增大，空气流速加快使空气流量增大；而冷空气密度大，在体积相同的情况下冷空气质量大，所以发热元件受到冷却的程度增大，因此阻值减小幅度大，保持电桥平衡需要的电流增大。因此，当发动机负荷增大时信号电压升高。

五、参考资料

序号	书名、材料名称	出版单位
1	智能汽车传感器技术	机械工业出版社
2	维修手册	

● 学生笔记

任务三　叶片式空气流量传感器技术与应用

一、任务信息

任务难度	高级	推荐学时	2
案例导入	\multicolumn{3}{c}{客户抱怨，一辆丰田卡罗拉混合动力轿车发动机发抖，要求维修人员进行维修，经维修人员诊断为空气流量传感器（空气流量计）出现故障导致发动机怠速发抖}		
能力目标	素养	\multicolumn{2}{c}{1. 培养安全意识、环保意识、法律意识、规则意识、服务意识 2. 培养逻辑思维、语言表达能力}	
	知识	\multicolumn{2}{c}{1. 掌握叶片式空气流量传感器的结构 2. 熟悉叶片式空气流量传感器的安装位置 3. 了解叶片式空气流量传感器的特点}	
	技能	\multicolumn{2}{c}{1. 能够描述叶片式空气流量传感器的工作原理 2. 能够诊断叶片式空气流量传感器的故障}	

二、任务准备

本任务实施所需教学课件请扫描二维码。

三、任务实施

根据能力素养培养要求，以提出问题、分析问题、解决问题为导向，完成以下工作任务，并填写下列工作表。

工作表	叶片式空气流量传感器
1. 描述叶片式空气流量传感器组成结构。	
2. 描述叶片式空气流量传感器工作原理。	

3. 根据下图描述电位计的作用及原理。

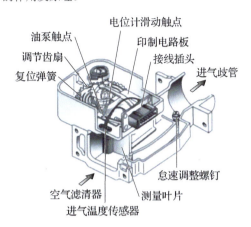

4. 根据下图标注接线端子的作用。

39	36	6	9	8	7	27	日产
E_1	F_C	E_2	V_B	V_C	V_S	THA	丰田

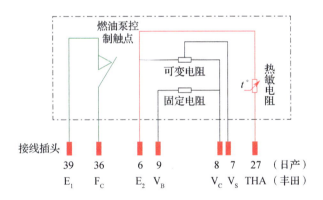

5. 试分析叶片式空气流量传感器出现故障的现象和故障原因。

四、参考信息

1. 叶片式空气流量传感器组成结构

叶片式空气流量传感器是运用力矩平衡原理和电位器原理制成的机械式传感器，具有结构简单、价格便宜、可靠性高的优点，因此得到广泛的运用。它主要由叶片、电位计和接线插头三部分组成，如图 4-3-1 所示。

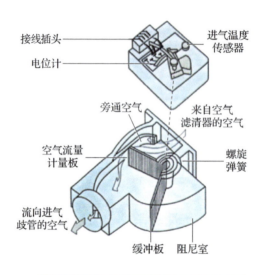

图 4-3-1 叶片式空气流量传感器结构

（1）叶片

空气流量传感器的叶片包括测量叶片和缓冲叶片，测量叶片在主空气道内旋转，缓冲叶片在缓冲室内偏转，对测量叶片起阻尼作用，当发动机吸入的空气量急剧变化和气流脉动时，可减小测量叶片的脉动，如图 4-3-2 所示。

叶片转轴的下端与空气流量传感器的壳体相连，上端通过螺旋回位弹簧固定在电位计的调整齿圈上。发动机工作时，空气经过滤清器后进入流量传感器推动测量叶片，使其旋转开启，开启的角度由进气量的推力大小和回位弹簧的弹力作用决定。进气气流随节气门开度增大而增大，进气气流对叶片的推力也随之增大，且当此推力大于回位弹簧的弹力时，叶片开启，开启的角度随节气门的增大而增大。

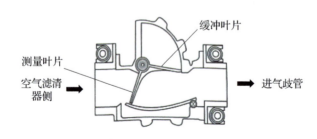

图 4-3-2 空气流量传感器叶片结构

（2）电位计

电位计位于空气流量传感器壳体的上方，主要由平衡配重调整齿圈、燃油泵接点、回位弹簧和印制电路板等组成，其结构如图 4-3-3 所示。

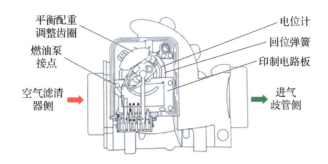

图 4-3-3　叶片式空气流量传感器电位计的结构

（3）接线插头

叶片式空气流量传感器的接线插头共有 7 个接线端子，新款日产轿车取消了燃油泵控制触点，如图 4-3-4 所示（以日产和丰田为例），在插头护套上一般标有接线端子名称。

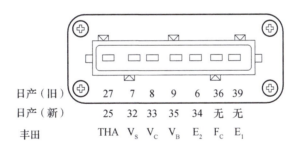

图 4-3-4　叶片式空气流量传感器的接线端子

2. 叶片式空气流量传感器的工作原理

如图 4-3-5 所示，当空气通过传感器的主通道时，叶片受到吸入空气气流的压力和回位弹簧的弹力的共同作用，节气门开度增大时，空气流量增大，气流压力增大，此压力作用在叶片上使其偏转，使其转角 α 逐渐增大，直到气流的压力和回位弹簧的弹力平衡。与此同时，电位计的滑臂与叶片转轴同轴旋转，使接线端子 V_C 与 V_S 之间的电阻减小，使其分压电压 U_S 值降低。当吸入空气的流量减小时，叶片转角 α 减小，接线端子 V_C 与 V_S 之间的电阻增大，U_S 值升高。这样，发动机电控单元（ECU）就可根据空气流量传感器输出的 U_S/U_B 的信号大小感知空气流量的大小。U_S/U_B 的比值与进气量成反比，其变化关系如图 4-3-6 所示。

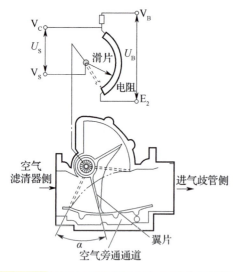

图 4-3-5 叶片式空气流量传感器的工作原理

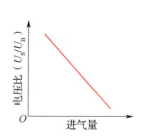

图 4-3-6 U_S/U_B 与空气流量的变化关系

五、参考资料

序号	书名、材料名称	出版单位
1	智能汽车传感器技术	机械工业出版社
2	维修手册	

学生笔记

任务四　液体流量传感器技术与应用

一、任务信息

任务难度	中级	推荐学时		2
案例导入	客户抱怨，一辆日产轿车空调不制冷，要求维修人员进行维修，经维修人员诊断为制冷剂流量传感器出现故障导致空调系统出现故障			
能力目标	素养	1. 培养安全意识、环保意识、法律意识、规则意识、服务意识 2. 培养逻辑思维、语言表达能力		
	知识	1. 掌握光电式燃油流量传感器组成结构 2. 熟悉光电式燃油流量传感器安装位置 3. 了解光电式燃油流量传感器特点		
	技能	1. 能够描述光电式燃油流量传感器工作原理 2. 能够诊断光电式燃油流量传感器故障		

二、任务准备

本任务实施所需教学课件请扫描二维码。

三、任务实施

根据能力素养培养要求，以提出问题、分析问题、解决问题为导向，完成以下工作任务，并填写下列工作表。

工作表	光电式燃油流量传感器
1. 描述光电式燃油流量传感器组成结构。	
2. 描述光电式燃油流量传感器工作原理。	
3. 描述光电式燃油流量传感器安装位置。	
4. 描述静电式制冷剂流量传感器工作原理。	

四、参考信息

1. 光电式燃油流量传感器技术与应用

（1）传感器组成结构

光电式燃油流量传感器如图 4-4-1 所示，它由光电耦合元件、叶轮、遮光板组成。当叶轮旋转时，遮光板也随叶轮在光电耦合元件之间旋转，光电晶体管就会导通或截止，根据导通的次数就可以计算出旋转的速度，进而乘以每一转的排量，就可以推算出燃油流量。光电式燃油流量传感器电路如图 4-4-2 所示。

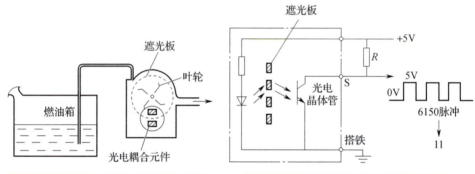

图 4-4-1 光电式燃油流量传感器结构　　图 4-4-2 光电式燃油流量传感器电路

（2）传感器检测

将点火开关置于"ON"位置，首先检查供电电压，为 5V。在发动机处于怠速运转状态时，用万用表电压档测量光电式燃油流量传感器信号输出端子间的电压变化情况，电压以脉冲形式发生，并且脉冲间的时间间隔均匀；当发动机转速升高时，传感器的电压变化频率应明显加快。

2. 静电式制冷剂流量传感器技术与应用

静电式制冷剂流量传感器用于在自动控制空调上检测制冷剂流量，其结构如图 4-4-3 所示。传感器的内部有多个电极，通过传感器的制冷剂流量发生变化时，电极间的电容量也发生变化。静电式制冷剂流量传感器的原理如图 4-4-4 所示，两个平行电极之间的静电容 C 由下式确定：

$$C = \varepsilon S / r$$

式中　ε——介电常数；
　　　S——电极面积；
　　　r——电极之间的距离。

当通过传感器的物质的状态发生变化，或者混入少量的气体时，介电常数 ε 变化，其静电容 C 也会发生变化，再经振荡电路把变化的静电容转换成频率输入空调控制 ECU

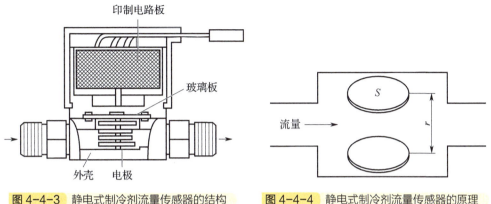

图 4-4-3 静电式制冷剂流量传感器的结构　　图 4-4-4 静电式制冷剂流量传感器的原理

中，ECU 就能测得制冷剂的流量。

如图 4-4-5 所示，静电式制冷剂流量传感器接在储液罐和膨胀阀之间，通过传感器的电极检测出制冷剂流量的变化，把这种变化转换成频率之后，再输入空调控制 ECU 中，ECU 再把输入的脉冲信号变换成电压，以判断制冷剂流量是否正常。当出现异常时，ECU 利用监控显示系统报警。

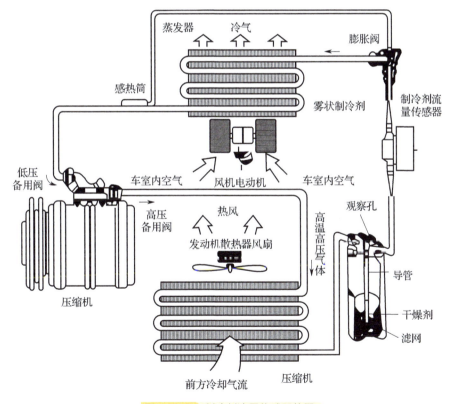

图 4-4-5 制冷剂流量传感器位置

五、参考资料

序号	书名、材料名称	出版单位
1	智能汽车传感器技术	机械工业出版社
2	维修手册	东风日产公司

学生笔记

模块五

压力传感器技术与应用

任务一　进气压力传感器技术与应用

一、任务信息

任务难度	高级	推荐学时	2
案例导入	客户抱怨，一辆朗逸轿车尾气排放灯偶尔点亮，要求维修人员进行维修，经维修人员诊断为进气压力传感器出现故障导致尾气排放灯点亮		
能力目标	素养	1.培养安全意识、环保意识、法律意识、规则意识、服务意识 2.培养逻辑思维、语言表达能力	
	知识	1.掌握进气压力传感器结构 2.熟悉进气压力传感器安装位置 3.了解进气压力传感器特点	
	技能	1.能够描述进气压力传感器工作原理 2.能够诊断进气压力传感器故障	

二、任务准备

本任务实施所需教学课件请扫描二维码。

三、任务实施

根据能力素养培养要求，以提出问题、分析问题、解决问题为导向，完成以下工作任务，并填写下列工作表。

工作表	进气压力传感器
1.指出进气压力传感器的安装位置。	

2. 描述进气压力传感器结构。

3. 描述进气压力传感器工作原理。

4. 写出朗逸轿车尾气排放灯偶尔点亮故障诊断排除计划。

5. 使用 VAS6150B 诊断故障，提示"P010600 进气压力 / 空气压力，不可信信号"，试分析故障出现的可能原因，请选择答案是（　　）。
  A. 进气系统漏气、排气不畅　　　B. 传感器本身损坏
  C. 传感器线路故障　　　　　　　D. 控制单元故障

四、参考信息

1. 进气压力传感器的安装位置

进气压力传感器大多安装在汽车发动机的进气歧管上，也有少部分安装在汽车发动机 ECU 的控制盒内或发动机室内（皇冠 3.0 轿车安装在发动机室内、奥迪 A6 轿车安装在发动机 ECU 内）。有些进气压力传感器与进气温度传感器安装在一起，图 5-1-1 所示为进气压力传感器外形及安装位置。

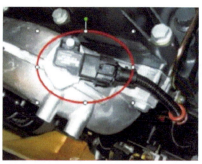

图 5-1-1 进气压力传感器外形及安装位置

2. 进气压力传感器结构原理

（1）进气压力传感器功用

进气压力传感器是一种间接测量发动机进气量的传感器，其功用是通过检测节气门

至进气歧管之间的进气压力来检测发动机的负荷状况,并将压力信号转变为电信号输入ECU。

（2）进气压力传感器结构

进气压力传感器的类型很多,如电压型进气压力传感器和频率型进气压力传感器。

电压型进气压力传感器又可分为半导体压敏电阻式进气压力传感器（电阻应变计式进气压力传感器）和真空膜盒传动可变电感式进气压力传感器;频率型进气压力传感器可分为电容式进气歧管压力传感器和表面弹性波式进气压力传感器。

目前常用的有半导体压敏电阻式、电容式、真空膜盒式和表面弹性波式等压力传感器,其中以半导体压敏电阻式进气压力传感器应用最多。

1）半导体压敏电阻式进气压力传感器组成。传感器由真空管、硅膜片（压力转换元件）、真空室、底座、硅杯、壳体、引线端子和电极引线等组成,如图 5-1-2a 所示。

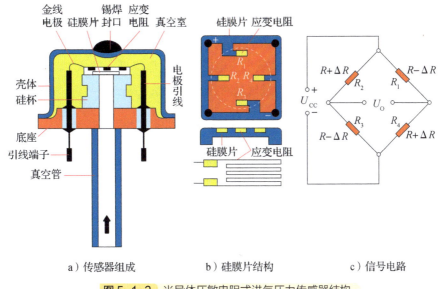

图 5-1-2　半导体压敏电阻式进气压力传感器结构

2）半导体压敏电阻式进气压力传感器工作原理。压力转换元件是利用半导体的压阻效应制成的硅膜片,如图 5-1-2b 所示。硅膜片用单晶硅制成。硅膜片的一侧是真空室,另一侧导入进气歧管内的压力。硅膜片周围有四个应变电阻,以惠斯通电桥的方式连接,如图 5-1-2c 所示,在歧管压力作用下,硅膜片会产生应力。在应力作用下,半导体压敏电阻的电阻率就会发生变化从而引起电阻值变化,惠斯通电桥上电阻值的平衡就被打破,当电桥输入端输入一定的电压或电流时,在电桥的输出端就可得到变化的信号电压或信号电流。由于信号电压太弱需要将信号放大,采用混合集成电路将信号输入 ECU,根据信号电压或信号电流的大小,就可检测出进气歧管进气压力的高低,如图 5-1-3 所示。

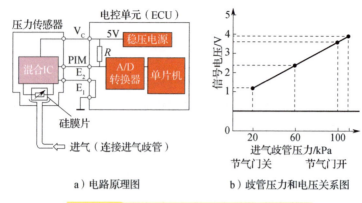

a）电路原理图　　b）歧管压力和电压关系图

图 5-1-3　进气压力传感器电路原理及信号电压

当发动机工作时，进气歧管压力随进气流量的变化而变化。当节气门开度增大（即进气流量增大）时，空气流通截面增大，气流速度降低，进气歧管内绝对压力增高，硅膜片的变形变大，压敏电阻的电阻值变化量增大，电桥输出的电压升高；当节气门开度由大变小（即进气流量减小）时，进气流通截面减小，气流速度升高，进气歧管压力降低，膜片应力减小，压敏电阻的电阻值变化量减小，电桥输出电压降低，输入 ECU 的信号电压降低。实测进气压力传感器信号电压与进气歧管压力的关系见表 5-1-1。

表 5-1-1　进气歧管压力传感器不同真空度时输出电压对应表

真空度 /kPa（mmHg）	电压值 /V	真空度 /kPa（mmHg）	电压值 /V
13.3（100）	0.3～0.5	53.5（400）	1.5～1.7
26.7（200）	0.7～0.9	66.7（500）	1.9～2.1
40.0（300）	1.1～1.3		

五、参考资料

序号	书名、材料名称	出版单位
1	汽车传感器从入门到精通	化学工业出版社
2	汽车传感器检测与维修快速入门 60 天	机械工业出版社

学生笔记

任务二　轮胎压力传感器技术与应用

一、任务信息

任务难度		高级	推荐学时	2
案例导入		\multicolumn{3}{l}{客户抱怨，他的一辆奥迪 A6Le-tron 混合动力轿车，在行驶的过程中轮胎压力过低警告灯突然点亮，要求维修人员进行检修}	
能力目标	素养	\multicolumn{3}{l}{1. 具有团队协作精神 2. 养成采用科学的方法分析和解决问题的习惯 3. 具有安全意识、环保意识、法律意识}	
	知识	\multicolumn{3}{l}{1. 了解轮胎压力传感器的结构 2. 了解轮胎压力传感器安装位置 3. 了解轮胎压力传感器监控系统}	
	技能	\multicolumn{3}{l}{1. 能够使用诊断仪器诊断轮胎压力监控系统的故障 2. 能够描述轮胎压力传感器的工作原理 3. 能够安装轮胎压力传感器}	

二、任务准备

本任务实施所需教学课件、维修手册请扫描二维码。

三、任务实施

根据能力素养培养要求，以提出问题、分析问题、解决问题为导向，完成以下工作任务，并填写下列工作表。

工作表	轮胎压力传感器
\multicolumn{2}{l}{1. 写出组合仪表和信息娱乐系统出现警告符号的条件。}

2. 描述轮胎压力监控系统作用。

3. 写出调整迈腾轿车轮胎压力监控系统流程。

4. 参考迈腾轿车轮胎监控显示系统，写出控制单元及传感器名称。

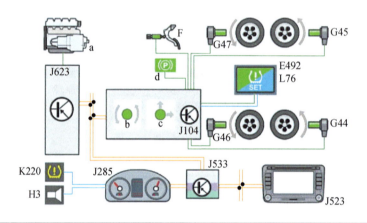

四、参考信息

1. 轮胎压力监控系统作用

轮胎压力监控系统（Tire Pressure Monitor System，TPMS）通过采用无线射频通信的胎压传感器和胎压监控单元，实现了对轮胎压力的实时监控。轮胎压力监控系统（TPMS）的作用是在汽车行驶过程中对轮胎气压进行实时自动监控，并对轮胎漏气和低压进行报警，以确保行车安全。

轮胎的轮毂或气门嘴上安装了一个内置传感器，传感器中包括感应气压的电桥式电子气压感应装置，它将气压信号转换为电信号，通过无线发射装置将信号发射出来。TPMS通过在每一个轮胎上安装高灵敏度的传感器，在行车或静止的状态下，实时监视轮胎的压力、温度等数据，并通过无线方式发射到接收器，在显示器上显示各种数据变化，或以蜂鸣等形式提醒驾车人，并在轮胎漏气和压力变化超过安全阈值（该阈值可通过显示器设定）时进行报警，以保障行车安全。

2. 轮胎压力监控系统的结构组成

轮胎压力监控系统由下述部件构成：轮胎压力传感器（5个）、轮胎压力监控天线（4个）、轮胎压力监控控制单元、组合仪表、功能选择开关，如图 5-2-1 所示。

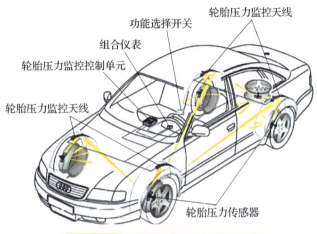

图 5-2-1　轮胎压力监控系统部件位置

（1）奥迪轿车轮胎压力传感器

图 5-2-2 所示为奥迪 A6L 轿车轮胎压力监控系统，轮胎压力传感器（G222~G226）、轮胎压力监控发射器（G431~G434）安装在金属气门嘴上，在更换车轮或轮辋时，该传感器仍可再用。轮胎压力传感器将轮胎的实时压力信息（绝对压力测量）发送给轮胎压力监控控制单元 J502，用以评估压力情况。温度信号用于补偿因温度改变而引起的压力变化，同时还用于自诊断。当温度高于某一限定值时，传感器就停止发送无线电信号。温度补偿由轮胎压力监控控制单元来进行，测出的轮胎压力以 20℃时的值为标准值。

轮胎压力传感器是由压力传感器、温度传感器及测量/控制电子装置集成在一起形成的智能型传感器，如图 5-2-3 所示。

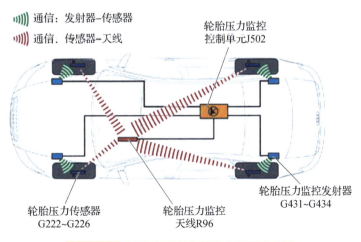

图 5-2-2　奥迪 A6L 轿车轮胎压力监控系统

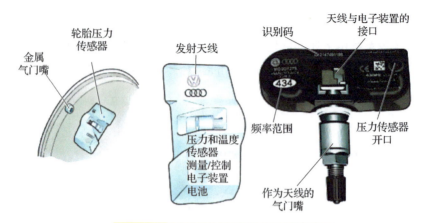

图 5-2-3　奥迪 A6L 轿车轮胎压力传感器

无线电通信使用两种不同的载波频率，多数国家使用 433MHz 的载波频率；少数国家（如美国）使用 315MHz 的载波频率。传感器、天线和控制单元上打印有相应的载波频率。另外，从零件号上也可看出用的是哪种载波频率。一个封闭系统内的空气压力变化与温度变化是成比例的。正常情况下，温度每变化 10℃，压力变化约 10^4Pa。输入"存储压力"后，轮胎充气压力就被标准化为 20℃时的值。

当轮胎温度达 120℃时，轮胎温度传感器就不能发送无线电信号，控制单元接收到温度切断信息后，出现的故障内容就被记录在故障存储器内。

轮胎压力传感器发射两种信息，如图 5-2-4 所示。第一种是正常发射模式（轮胎压力保持恒定），第二种是快速发射模式（气压损失高于 $2×10^4$Pa/min），如果是第二种模式，表示轮胎压力低于设定值，仪表上会有故障显示。

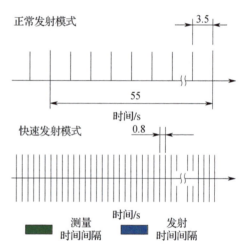

图 5-2-4　轮胎压力传感器发射两种信息

（2）轮胎压力监控天线（R59～R62）

轮胎压力监控天线接收来自轮胎压力传感器的无线电信号，并将此信号传至轮胎压力监控控制单元以便进一步处理。共有 4 根天线，分别安装于左前、右前、左后、右后车轮罩内的衬板后。这 4 根天线经高频天线导线与轮胎压力监控控制单元相连，并根据安装位置与控制单元进行匹配。

（3）轮胎压力监控控制单元 J502（图 5-2-5）

轮胎压力监控控制单元对轮胎压力监控天线发来的信号进行处理，然后把相应的信息送至组合仪表。驾驶

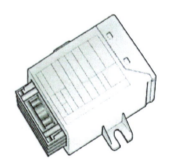

图 5-2-5　轮胎压力监控控制单元 J502

人信息系统（FIS）的显示屏会显示相应信息。车辆外围设备通过 CAN 总线进行通信。

通过驾驶人信息系统显示屏的"存储压力"功能，由驾驶人存储轮胎充气压力。用驾驶人信息系统的菜单可以存储个性化的轮胎充气压力值（如满负荷或冬季轮胎）。

（4）金属气门嘴

轮胎压力监控系统所用的气门嘴是新设计的，无监控系统轮胎使用的是橡胶气门嘴，现在用的是金属气门嘴，如图 5-2-6 所示。

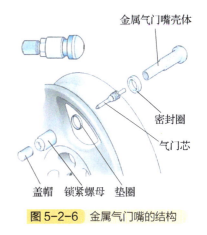

图 5-2-6 金属气门嘴的结构

3. 轮胎压力监控系统的工作过程

如图 5-2-7 所示，当打开驾驶人侧车门或点火开关接通时（15 号接线柱接通），系统

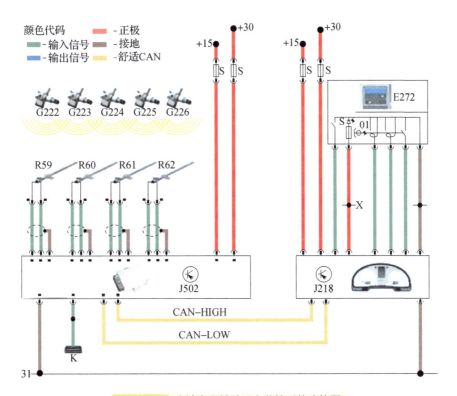

图 5-2-7 奥迪车用轮胎压力监控系统功能图

E272—功能选择开关　G222—左前轮胎压力传感器　G223—右前轮胎压力传感器　G224—左后轮胎压力传感器
G225—右后轮胎压力传感器　G226—备胎轮胎压力传感器　J218—仪表板内组合处理器　J502—轮胎压力监控控制单元
K—自诊断连接　R59—左前轮胎压力监控天线　R60—右前轮胎压力监控天线　R61—左后轮胎压力监控天线
R62—右后轮胎压力监控天线　X—接线柱 58s

就开始初始化过程。

控制单元给轮胎压力监控发射器 G222~G226 和天线 R59~R62 各分配一个 LIN 地址。初始化完成后,这几个发射器一个接一个从控制单元接收到一条信息,随后这些已经分配地址的发射器发射出无线电信号(频率为 125kHz,只发射一次)。由于这种无线电信号的作用半径很小,所以它们只会分别被相应的轮胎压力传感器所接收,传感器被无线电信号激活,然后就会发送测量到的当前压力和温度值,这些测量值由天线接收后,再经 LIN 总线传送到控制单元。

无线电信号中包含有传感器的 ID,这样控制单元就可识别出是哪个传感器发出的信息。正常情况下,发射器每隔 30s 发射一次信号。如果传感器发现压力变化较快(大于 2×10^4Pa/min),那么传感器会自动切换到快速发送模式,这时每隔 1s 就发送一次当前测量值。

4. 自诊断功能

自诊断可以快速查询故障,地址码为 65,可选功能:

01—查询控制单元版本号;02—查询故障存储器;05—清除故障存储器;06—结束输出;07—给控制单元编码;08—读取测量数据块;10—自适应。

匹配轮胎压力监控系统的步骤如下。

1)首先检查轮胎气压,必要时进行气压调整并在 MMI 中储存。规定的气压值在油箱盖内侧标注,或查找轮辋和轮胎指导说明书。

2)确认"车轮更换功能"并存储在 MMI 中。

3)当匹配轮胎压力监控控制单元 J502 时,需要满足如下条件。

①以超 40km/h 的车速持续行驶至少 20min,避免时走时停地行驶,与其他车辆并行行驶时间不要超过 5min,以避免接收到其他车辆车轮信号。

②匹配结果可通过轮胎压力监控系统读取测量数据块 17 组的系统状态显示。

③系统状态数据块 17 组记录 1。

④状态 0049 表示系统已经匹配成功。

五、参考资料

序号	书名、材料名称	出版单位
1	汽车传感器从入门到精通	化学工业出版社
2	汽车传感器检测与维修快速入门 60 天	机械工业出版社
3	维修手册	一汽大众公司

学生笔记

任务三 制动压力传感器技术与应用

一、任务信息

任务难度		中级	推荐学时	2
案例导入		顾客抱怨，他的奥迪 A6Le-tron 混合动力轿车车身电子系统（ESP）和 ABS 指示灯报警、驻车制动指示灯闪烁、电子驻车制动系统（EPB）灯闪烁。车辆起动后，除上述指示灯闪烁外，EPC 指示灯点亮，多功能仪表显示驻车系统故障，要求维修人员维修		
能力目标	素养	1. 具有团队协作精神 2. 养成采用科学的方法分析和解决问题的习惯 3. 具有安全意识、环保意识、法律意识		
	知识	1. 了解制动压力传感器的结构 2. 掌握制动压力传感器安装位置 3. 了解制动压力传感器监控系统		
	技能	1. 能够使用诊断仪器诊断制动压力传感器的故障 2. 能够描述制动压力传感器的工作原理 3. 能够安装制动压力传感器		

二、任务准备

本任务实施所需教学课件、维修手册请扫描二维码。

三、任务实施

根据能力素养培养要求，以提出问题、分析问题、解决问题为导向，完成以下工作任务，并填写下列工作表。

| 工作表 | 制动压力传感器 |

1. 简述制动压力传感器的作用和安装位置。

2. 简述制动压力传感器结构和工作原理。

3. 查找迈腾轿车维修手册，指出 G200、G251、G202、G201 代表含义，如何使用诊断仪进行设定。

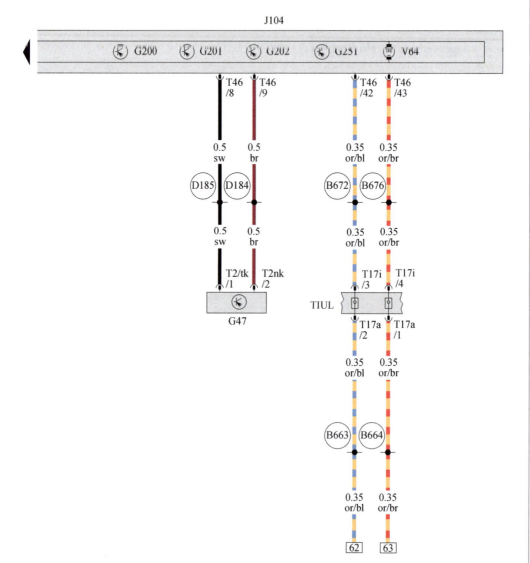

G47—左前转速传感器　G200—横向加速度传感器　G201—制动压力传感器1　G202—偏转率传感器
G251—纵向加速度传感器　J104—ABS 控制单元

四、参考信息

1. 制动压力传感器作用

制动压力传感器向发动机控制单元提供制动管路内的实际压力信号。发动机控制单元根据这个压力信号计算出车轮制动力及作用在车辆上的纵向力。如果需要 ESP 工作，控制单元会将此值用于计算侧向力。

2. 安装位置

如图 5-3-1 所示，制动压力传感器集成在 ESP 单元内或者安装在制动主缸上。

3. 制动压力传感器结构和工作原理

制动压力传感器结构如图 5-3-2 所示。

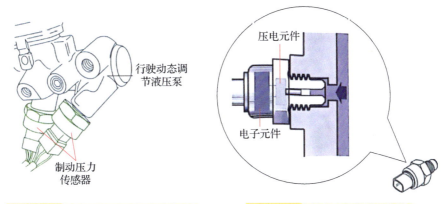

图 5-3-1 制动压力传感器安装位置　　图 5-3-2 制动压力传感器结构

制动压力传感器包括一个压电元件，制动液的压力就作用在其上，还包括一个电子元件。

如果制动液的压力作用到压电元件上，那么该元件上的电荷分布就会改变。如果无压力作用，电荷分布是均匀的，如图 5-3-3a 所示；有压力作用时，电荷分布空间会发生变化，这样就产生了电压，如图 5-3-3b 所示。压力越大，电荷分离的趋势越强，产生的电

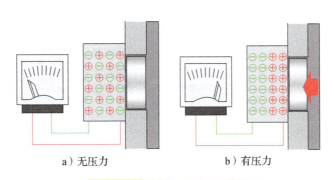

a）无压力　　　　　　b）有压力

图 5-3-3 制动压力传感器结构

压就越高。这个电压由电子装置放大,然后作为信号传给控制单元。传感器输出的电压高低就是制动压力大小的直接反映。

五、参考资料

序号	书名、材料名称	出版单位
1	智能汽车传感器技术	机械工业出版社
2	维修手册	

学生笔记

任务四　制冷剂压力传感器技术与应用

一、任务信息

任务难度	中级	推荐学时	2
案例导入	顾客抱怨,他的 e-golf 轿车空调不制冷,要求维修人员维修,经维修人员诊断,制冷剂压力传感器出现故障		
能力目标	素养	1. 具有团队协作精神 2. 养成采用科学的方法分析和解决问题的习惯 3. 具有安全意识、环保意识、法律意识	
	知识	1. 了解制冷剂压力传感器的结构 2. 掌握制冷剂压力传感器安装位置 3. 了解制冷剂压力传感器监控系统	
	技能	1. 能够使用诊断仪器诊断制冷剂压力传感器的故障 2. 能够描述制冷剂压力传感器的工作原理 3. 能够安装制冷剂压力传感器	

二、任务准备

本任务实施所需教学课件、维修手册请扫描二维码。

三、任务实施

根据能力素养培养要求，以提出问题、分析问题、解决问题为导向，完成以下工作任务，并填写下列工作表。

工作表	制冷剂压力传感器
1. 描述制冷剂压力/温度传感器的作用。	
2. 描述制冷剂压力/温度传感器的工作原理。	
3. 描述制冷剂高压传感器的工作原理。	
4. 检测高压传感器波形。	

四、参考信息

1. 制冷剂压力传感器技术与应用

（1）制冷剂压力传感器作用

空调制冷剂压力传感器用于检测制冷剂压力，并将制冷剂压力信号发送到空调ECU，以控制压缩机。大众轿车的某些车型上所用的为空调制冷剂压力/温度传感器G395。空调制冷剂压力/温度传感器将制冷剂压力与制冷剂温度信号发送到空调控制单元J255。这两个信号用于：①控制散热器风扇；②控制压缩机；③检测制冷剂的损耗。

（2）制冷剂压力传感器的安装位置

空调制冷剂压力传感器一般安装在高压管路上。大众轿车上的空调制冷剂压力/温度传感器位于发动机舱内压缩机与冷凝器之间的高压管路上，如图5-4-1所示。

图5-4-1 空调制冷剂压力传感器的安装位置

(3) 制冷剂压力传感器工作原理

如果制冷剂逐渐损耗，那么此信号就不会足够强，因为少量制冷剂的损耗不会使压力变化达到系统可测量的程度。但是，由于制冷剂的量与蒸发器的温度精确相关，所以缺少制冷剂会导致蒸发器中膨胀的制冷剂气体热到可测量的程度，从而使压缩机后的制冷剂温度上升。

由于较少的制冷剂吸收了等量的热量使空气冷却到默认值，因此会造成这种温升，该传感器检测这种温升，并发送电压信号至控制单元。若温度或压力信号失败制冷功能将关闭。

(4) 制冷剂压力传感器功能

如图 5-4-2 所示，制冷剂压力传感器元件按照电容原理进行工作。它的工作模式可以用平行极板电容器进行简单说明。制冷剂回路中的压力变化改变了传感器中电容器极板之间的间距。由于电容器极板之间的间距发生改变，电容量也就发生了改变，即电容器存储的电能发生改变。若间距减小，电容量下降；若间距增大，电容量上升。传感器电子装置测量这种变化，并按比例将压力转换成电压信号。

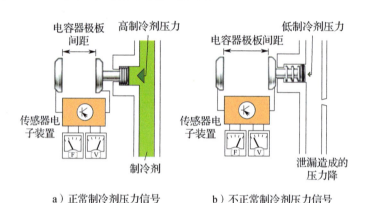

图 5-4-2 制冷剂压力传感器

2. 制冷剂高压传感器

制冷剂高压传感器 G65 如图 5-4-3 所示。当压缩机工作时，管路的压力会升高，制冷剂高压传感器可以防止管路制冷剂压力过高。当压力高于一定值（约 16MPa）时，高压传感器会给空调 ECU 信号，ECU 将会终止压缩机工作以防止管路压力过高。

如图 5-4-4 所示，制冷剂高压传感器 G65 在低压情况下输出一个小的

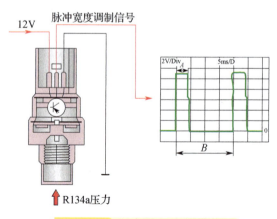

图 5-4-3 制冷剂高压传感器 G65

脉冲宽度信号，脉冲周期为 20ms，这相当于 100%，在 0.14MPa 的低压下，脉冲宽度为 2.6ms，这相当于 13% 脉冲宽度随压力增加而变宽，在 3.7MPa 的高压下，脉冲宽度为 18ms，相当于 90%。

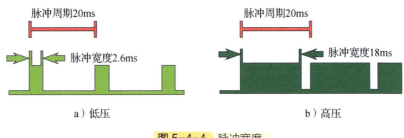

图 5-4-4　脉冲宽度

在低压下，晶体的变形最小，会输出一个小脉冲，如图 5-4-5 所示。在高压下，晶体变形增加，脉冲宽度随着压力的增加而变宽，如图 5-4-6 所示。

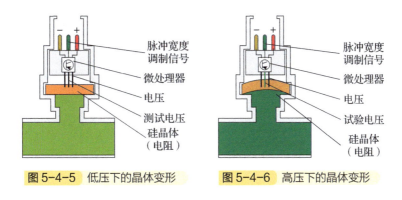

图 5-4-5　低压下的晶体变形　　图 5-4-6　高压下的晶体变形

五、参考资料

序号	书名、材料名称	出版单位
1	智能汽车传感器技术	机械工业出版社
2	维修手册	

学生笔记

模块六
浓度传感器技术与应用

任务一　氧传感器技术与应用

一、任务信息

任务难度		中级	推荐学时	2
案例导入		客户抱怨，一辆迈腾（GTE）混合动力轿车尾气排放灯偶尔点亮，排放超标，怠速不稳，燃油损耗增加，要求维修人员进行维修，经维修人员诊断为氧传感器出现故障导致燃油损耗增加		
能力目标	素养	1. 培养良好的团队合作精神，以客户为中心、敬客经营的职业精神 2. 具有严谨、规范、精益求精的大国工匠精神 3. 具有正确的劳动观和劳动态度，爱岗敬业、吃苦耐劳的精神		
	知识	1. 熟悉二氧化锆氧传感器结构 2. 熟悉二氧化钛氧传感器的工作原理 3. 熟悉宽域氧传感器（全范围空燃比传感器）工作原理		
	技能	1. 能够描述二氧化锆氧传感器结构 2. 能够描述宽域氧传感器（全范围空燃比传感器）工作原理 3. 能够使用诊断仪器诊断氧传感器故障		

二、任务准备

本任务实施所需教学课件请扫描二维码。

三、任务实施

根据能力素养培养要求，以提出问题、分析问题、解决问题为导向，完成以下工作任务，并填写下列工作表。

| 工作表 | 氧传感器 |

1. 描述氧传感器工作原理。

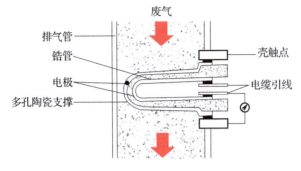
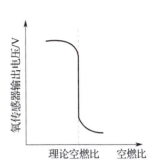

2. 根据下图叙述宽域氧传感器工作原理。

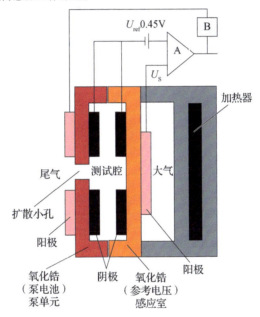

3. 根据后氧传感器电路图，填写下表中各端子的功能，并回答下列问题。

端子		功能
加热元件	1#	
	2#	
氧传感器	3#	
	4#	

使用诊断仪读取传感器故障码_____
如何使用示波器测量怠速时氧传感器波形？

如何使用示波器测量高速时氧传感器波形？

如何测量氧传感器加热装置 Z19 的电阻？

如何判断传感器的好坏？

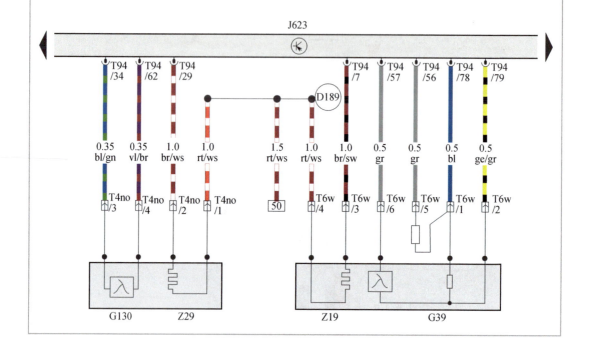

四、参考信息

1. 氧传感器安装位置及功用

（1）氧传感器安装位置

三元催化转化器安装在排气歧管近端，净化排气中 CO、HC 和 NO_x 三种主要的有害成分。但三元催化转化器工作在混合气空燃比接近理论值的一个窄小范围内，才能有效地起到净化作用。故在排气管上一般安装两个氧传感器，即前氧传感器和后氧传感器，如图 6-1-1 所示。

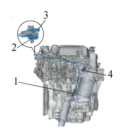 

图 6-1-1 氧传感器安装位置

1—尾气催化转化器后氧传感器 1-GX7（氧传感器 G130，氧传感器加热装置 Z29） 2—尾气催化转化器前氧传感器 1-GX10 3—尾气催化转化器后氧传感器 1-GX7 4—尾气催化转化器前氧传感器 1-GX10（氧传感器 G39，氧传感器加热装置 Z19）

（2）氧传感器功用

氧传感器通过监测排气中氧离子的含量来获得混合气的空燃比信号，并将空燃比信号转变为电信号输入发动机 ECU。ECU 根据氧传感器信号对喷油时间进行修正，实现空燃比反馈控制（闭环控制），从而将过量空气系数（λ）控制在 0.98～1.02 之间的范围内（空燃比 A/F 约为 14.7），使发动机得到最佳浓度的混合气，从而达到降低有害气体排放净化空气的目的。

目前，汽车上主要运用的氧传感器有二氧化锆氧传感器、二氧化钛氧传感器及宽域氧传感器三种。

2. 二氧化锆氧传感器

（1）二氧化锆氧传感器结构

加热型二氧化锆氧传感器的基本元件是二氧化锆陶瓷管（固体电解质），由陶瓷体制成管状，因此也称锆管。锆管固定在带有安装螺纹的固定套中，锆管内外表面都覆盖着一层多孔性的透气铂膜作为外电极，还包括内电极、加热元件插接器等。其中加热元件采用热敏电阻，其上绕有钨丝并引出两个电极直接与汽车电源（12～14V）相通，用于对锆管进行加热，使二氧化锆氧传感器迅速达到工作温度而投入工作，如图 6-1-2 所示。

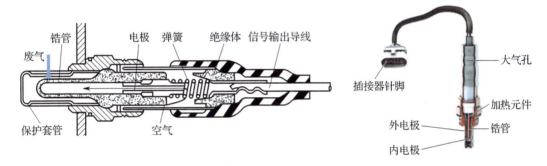

图 6-1-2　二氧化锆氧传感器的结构

（2）二氧化锆氧传感器工作原理

二氧化锆氧传感器工作连接原理如图 6-1-3 所示。

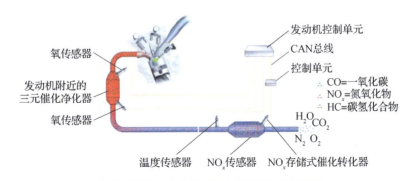

图 6-1-3　二氧化锆氧传感器工作连接原理

工作时，在高温废气冲刷下，氧气发生电离，由于锆管内侧氧离子浓度高，外侧氧离子浓度低，在氧浓度差作用下，氧离子从大气侧向排气侧扩散，从而形成了氧浓度差电池，如图 6-1-4 所示。

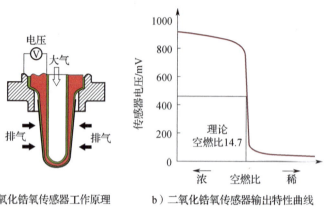

a）二氧化锆氧传感器工作原理　　b）二氧化锆氧传感器输出特性曲线

图 6-1-4　二氧化锆氧传感器工作原理和输出特性曲线

当混合气稀时，排气中含氧量高，锆管内外两侧氧浓度差小，产生的电动势小，大约为 100mV；当混合气浓时，排气中氧含量低，锆管内外两侧氧浓度差大，产生的电动势大，大约为 900mV。电动势的大小以理论空燃比为界限发生突变（图 6-1-4）。

氧传感器的输出特性与排气温度有关，当排气温度低于 300℃时，氧传感器的输出特性不稳定。发动机刚刚起动时，由于排气温度偏低，氧传感器不工作，发动机在开环状态下工作，只有排气温度升高后，氧传感器才工作。所以，氧传感器的安装位置应在排气温度较高处。有的车型上安装有排气温度传感器，当排气温度传感器的信号达到一定值后 ECU 才根据氧传感器的信号进行空燃比反馈修正以调整喷油量、控制混合气的浓度，即发动机开始进行闭环控制。

3. 二氧化钛氧传感器

（1）二氧化钛氧传感器结构

二氧化钛氧传感器是利用高纯度的半导体材料二氧化钛（TiO_2）制成的，其结构如图 6-1-5 所示。二氧化钛在常温下电阻值很高，一旦周围氧气不足，其晶体内会产生很多电子，此时电阻值大大降低。二氧化钛氧传感器正是利用这一特征检测排气中的氧含量。

（2）二氧化钛氧传感器的工作原理

二氧化钛氧传感器利用气敏电阻的原理，

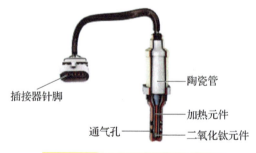

图 6-1-5　二氧化钛氧传感器结构

通过氧气浓度引起的二氧化钛电阻值的改变来判定混合气状态,故又称电阻型氧传感器。

当排气中含氧量多时,二氧化钛电阻值高;当排气中氧浓度低时,二氧化钛电阻值降低。其电阻值在理论空燃比附近发生突变,如图6-1-6a所示。

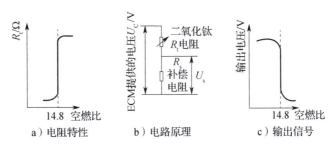

图6-1-6 二氧化钛氧传感器的输出特性

二氧化钛氧传感器与二氧化锆氧传感器相比,其结构简单、体积小、成本低,但二氧化钛的电阻受温度影响大,应当增加温度修正电路或者增加加热元件对它进行加热,使其输出特性稳定,以便在高温下也能进行检测。图6-1-6b中的R_s为温度补偿热敏电阻。二氧化钛氧传感器的输出信号如图6-1-6c所示。

(3)二氧化钛氧传感器电阻的检测

根据二氧化钛氧传感器的电阻特性,利用万用表测量其在暖机状态和非暖机状态下的电阻值,以此来判断其是否损坏。正常二氧化钛氧传感器的电阻值为:充分暖机状态下电阻值约在300kΩ左右(不同厂家此值不同)。拆下传感器并暴露在空气中,冷却后测量其电阻值,若阻值很大,说明传感器良好;反之,则说明传感器已失效,应更换。

4. 宽域氧传感器(全范围空燃比传感器)结构

宽域氧传感器又叫全范围空燃比传感器、宽量程氧传感器、宽带氧传感器。其作用是检测混合气从过浓状态到理论空燃比再到稀薄状态的整个过程。在发动机转速范围内电控单元可以随时接收宽域氧传感器信号。

一般氧传感器有一线制、二线制、三线制、四线制4种类型。一线制只有一根信号线与发动机ECU连接,传感器的另一极直接搭铁;二线制的两根线均与ECU相连,一根为信号线,另一根进入ECU后搭铁;三线制、四线制均属于加热型氧传感器;宽域氧传感器为五、六线制,属于线性、电流型氧传感器,在全空燃比范围内($\lambda=0.7\sim4.0$)起作用。它由一个普通窄范围浓度差电压型氧传感器、氧气泵单元(ZrO_2)、加热线圈、传感器控制器及扩散小孔、扩散室等构成,如图6-1-7所示。

宽域氧传感器一般用于催化转化器之前,催化转化器之后安装普通氧传感器。后氧传感器只负责校验,当前氧传感器出现故障时,发动机进入开环紧急运行状态。查看发动机盖下的标识,如果标识为HOS,则为普通氧传感器;如果标识为A/FS,则为宽域氧传感器。

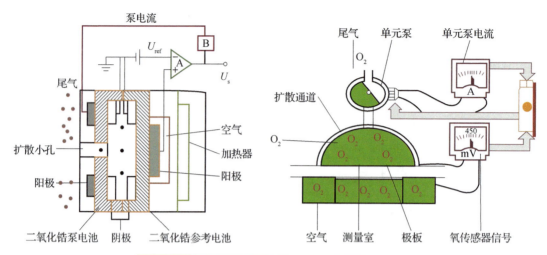

图 6-1-7　宽域氧传感器（全范围空燃比传感器）结构

5. 宽域氧传感器（全范围空燃比传感器）工作原理

（1）二氧化锆泵电池

如果 ZrO_2 元件两端的氧气浓度不均，就会导致 ZrO_2 两端产生微小电压，反过来，当在 ZrO_2 元件两端施加电压时，就会使氧气扩散。在宽域氧传感器中，泵电池是将尾气中的氧气通过扩散栅渗透到电源负极，在负极氧气分子得到 4 个电子变成氧离子（$O_2+4e\to 2O^{2-}$），氧离子在电离作用下在 ZrO_2 电解质中运动到达正极，在正极中和掉 4 个电子（$2O^{2-}-4e\to O_2$）又还原成氧气，这就是泵电池的泵氧原理，如图 6-1-8 所示。

（2）二氧化锆参考电池

二氧化锆参考电池工作原理和常规 ZrO_2 一样，是普通窄范围浓度差电压型二氧化锆氧传感器，其功能是采集混合气氧含量。二氧化锆氧传感器产生的信号，是宽域氧传感器施加泵电流的依据。

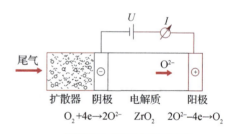

图 6-1-8　泵电池原理

（3）加热线圈

加热线圈是配合二氧化锆氧传感器快速进入工作温度的加热装置，这使得发动机从开环到闭环的时间缩短。

（4）测量室

尾气中的氧气和氧气泵产生的氧气汇集于测量室，二氧化锆氧传感器在此测量二者浓度之和与外部空气的浓度差，并产生与普通二氧化锆氧传感器一样的用于分辨氧浓度的电压值。

（5）工作过程

当混合气变稀时，如图 6-1-9a 所示，废气中的氧含量升高，且在泵功率不变的情况下向测量区送入的氧气量多于通过扩散通道漏掉的氧气量。因而相对于外部空气来说，氧气比例就发生了变化，所以两个电极之间的电压就下降了。如图 6-1-9b 所示，为了使得两电极间的电压再回到 450mV，必须减少废气侧的氧含量。为此泵单元必须减少送入测量区的氧气量。于是就降低泵功率，直至电压回到 450mV。ECU 将泵单元的电流消耗换算成一个 λ 值，从而改变混合气的成分。

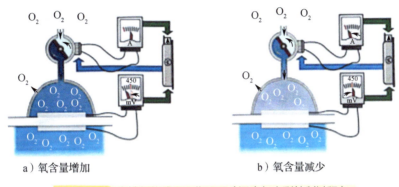

a）氧含量增加　　　　　　　　b）氧含量减少

图 6-1-9　宽域氧传感器工作原理（混合气变稀控制过程）

当燃油、空气混合气变浓时，如图 6-1-10a 所示，废气中的氧含量降低，在泵功率不变的情况下向测量区送入的氧气量减少，于是两电极间电压升高。这时通过扩散通道漏掉的氧气量多于泵单元送入的氧气量。如图 6-1-10b 所示，提高泵单元的功率，就会提高测量区的氧含量。于是电极间电压又回到 450mV，泵单元的电流消耗量被 ECU 换算成 λ 值。

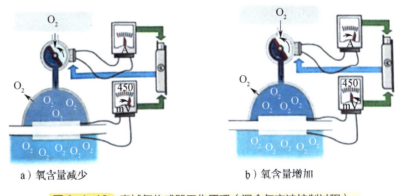

a）氧含量减少　　　　　　　　b）氧含量增加

图 6-1-10　宽域氧传感器工作原理（混合气变浓控制过程）

6. 宽域氧传感器的检测

宽域氧传感器一般有 5 个或 6 个端子，包括加热线圈电源端子、加热线圈搭铁端子、两个 5V 电源端子、信号端子、泵电流输入端子。有些宽域氧传感器在内部将两个 5V 电源端子合并，故只有 5 个端子，2012 款迈腾轿车宽域氧传感器电路如图 6-1-11 所示，检测方法如下。

1）关闭点火开关，拆下氧传感器线束插接器，在传感器侧检测加热线圈电源端子与搭铁端子间的电阻值,一般为 4~40Ω,电阻值如为∞,说明加热线圈烧断,应更换氧传感器。

2)打开点火开关,在线束侧检测加热线圈电源端子与搭铁端子间的电压,正常情况下应为蓄电池电压。

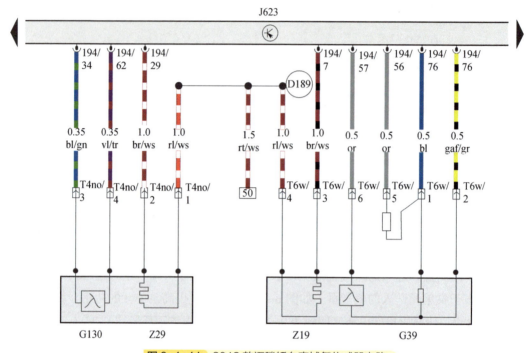

图6-1-11 2012款迈腾轿车宽域氧传感器电路

G39—氧传感器 G130—尾气催化转换器下游的氧传感器 J623—发动机控制单元
Z19—氧传感器加热装置 Z29—尾气催化转换器下游的氧传感器1加热装置

五、参考资料

序号	书名、材料名称	出版单位
1	智能汽车传感器技术	机械工业出版社
2	维修手册	

学生笔记

任务二　氮氧化物传感器技术与应用

一、任务信息

任务难度	中级	推荐学时	2
案例导入	\multicolumn{3}{l}{顾客抱怨，他的奥迪轿车多个故障灯亮，与此同时控制单元内有相关的故障存储记录，车辆出现加速无力、怠速抖动故障现象，要求维修人员排除故障，经维修人员检测发现氮氧化物传感器出现故障}		
能力目标	素养	\multicolumn{2}{l}{1. 培养良好的团队合作精神，以客户为中心、敬客经营的职业精神 2. 具有严谨、规范、精益求精的大国工匠精神 3. 具有正确的劳动观和劳动态度，爱岗敬业、吃苦耐劳的精神}	
	知识	\multicolumn{2}{l}{1. 熟悉 NO_x 传感器结构 2. 熟悉 NO_x 传感器的工作原理}	
	技能	\multicolumn{2}{l}{1. 能够描述 NO_x 传感器结构 2. 能够描述 NO_x 传感器工作原理 3. 能够使用诊断仪器诊断 NO_x 传感器故障}	

二、任务准备

本任务实施所需教学课件请扫描二维码。

三、任务实施

根据能力素养培养要求，以提出问题、分析问题、解决问题为导向，完成以下工作任务，并填写下列工作表。

工作表	氮氧化物传感器
\multicolumn{2}{l}{1. NO_x 生成原理。}
\multicolumn{2}{l}{2. 描述 NO_x 传感器安装位置及功用。}

3. 描述 NO_x 传感器的结构。

4. 描述 NO_x 传感器出现故障对车辆排放有何影响。

5. 描述 NO_x 传感器的工作过程。

四、参考信息

1. NO_x 生成原理

NO_x 是可燃混合气在高温、高压下燃烧后的产物,是 NO 和 NO_2 等的总称。NO_x 主要是在高温富氧的条件下生成的,当空气过量时,N_2 与 O_2 在电火花的作用下,产生了 NO,而 NO 被空气中的 O_2 氧化为 NO_2。燃烧过程排放的氮氧化物 95% 以上可能是 NO,其余的是 NO_2。尾气中氮氧化物的排放量取决于燃烧温度、时间和空燃比等因素。

2. NO_x 传感器安装位置及功用

NO_x 传感器一般安装在排气管的催化转化器之后,如图 6-2-1 所示。

NO_x 传感器确定废气中氮氧化物和氧气的残留量并把此信号传给氮氧化物控制单元。其主要功能如下。

1)用来识别和检查催化转化器的功能是否正常。

2)用来识别和检查催化转化器前端宽域氧传感器调节点是否正常或是否需要修正。

3)检测 NO_x 浓度。传感器产生的信号被传送至氮氧化物控制单元。

图 6-2-1 NO_x 传感器安装位置

4)当 NO_x 传感器检测到氮氧化物存储式催化转化器的存储空间达到饱和时,就会启动一个氮氧化物再生周期,即提供给 ECU 信号,使发动机在短时间内生成更浓的混合气体，使排气温度升高，转化器钡涂层便开始释放氮氧化物，氮氧化物会随之被转化为无害氮气。

如果 NO_x 传感器发生故障，发动机仅能在均质充气模式中运行。

3. NO_x 传感器的结构

NO_x 传感器包含两个腔室、两个泵室、四个电极和一个加热器，如图 6-2-2 所示。NO_x 传感器元件是用二氧化锆制成的。此材料的典型特点是：如果对它施加电压，它就能使负的氧离子从负电极迁移到正电极，相当于将氧气从一侧泵入另一侧，因此，习惯上也被称为氧气泵。

4. NO_x 传感器的工作过程

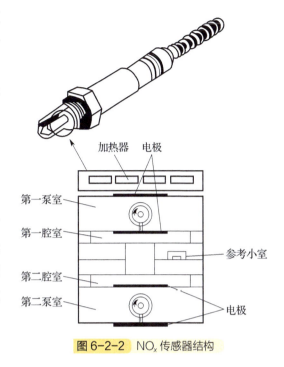

图 6-2-2 NO_x 传感器结构

NO_x 传感器的工作原理以氧气测量为基础，可以从一个宽域氧传感器上检测到氧气含量。工作过程分为两个阶段，如图 6-2-3 所示。

（1）确定第一腔室中的 λ 数值

一部分废气流入第一腔室中。由于废气中的氧气残留量与参考小室中的氧气残留量不同，就能在电极上测量出一个电压，氮氧化物控制单元将此电压设定为恒定的 0.45V，这相当于空燃比 $\lambda=1$。如果偏离此数值，氧气被泵出或者泵入，使 0.45V 的电压保持恒定。

（2）确定第二腔室中氮氧化物的残留量

不含氧气的废气从第一腔室进入第二腔室，废气中的氮氧化物分子被一个特殊的电极分离成氮气和氧气。因为第二腔室内部电极和外部电极上的电压被调整至恒定的 0.45V，所以氧气泵必须通入电流，使氧离子从内部电极迁移到外部电极。在此过程中氧气泵中的电流表征的是第二腔室中的氧

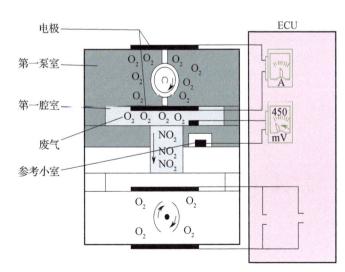

图 6-2-3 NO_x 传感器工作过程

气残留量。因为氧气泵的电流大小与废气中的氮氧化物成正比,所以就能够确定氮氧化物的残留量。

五、参考资料

序号	书名、材料名称	出版单位
1	智能汽车传感器技术	机械工业出版社
2	维修手册	一汽大众公司

学生笔记

任务三　空气质量传感器技术与应用

一、任务信息

任务难度	中级	推荐学时		2
案例导入	客户抱怨,一辆奥迪 A4L 轿车空气质量传感器出现故障,要求维修人员进行维修,经维修人员诊断为空气质量传感器线路出现断路			
能力目标	素养	1. 培养良好的团队合作精神,以客户为中心、敬客经营的职业精神 2. 具有严谨、规范、精益求精的大国工匠精神 3. 具有正确的劳动观和劳动态度,爱岗敬业、吃苦耐劳的精神		
	知识	1. 熟悉空气质量传感器结构 2. 熟悉空气质量传感器安装位置 3. 熟悉空气质量传感器工作原理		
	技能	1. 能够描述空气质量传感器结构 2. 能够描述空气质量传感器工作原理 3. 能够使用诊断仪器诊断空气质量传感器故障		

二、任务准备

本任务实施所需教学课件、维修手册、电路图请扫描二维码。

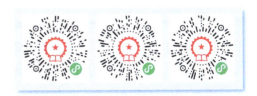

三、任务实施

根据能力素养培养要求，以提出问题、分析问题、解决问题为导向，完成以下工作任务，并填写下列工作表。

工作表	空气质量传感器
1. 描述空气质量传感器结构。   2. 描述空气质量传感器工作原理。   3. 下图为奥迪 A4L 轿车空气质量传感器电路，试对空气质量传感器进行检测。 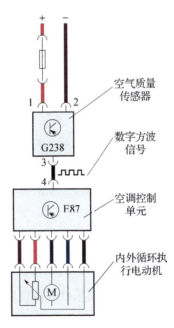 （1）搭铁检查，拆下传感器插头，测量 2 脚与搭铁之间电阻值是（　　），标准值是 0，若测出值是 ∞ 是否正确？ （2）用示波器测量 2 脚和 3 脚之间的波形，判断是否有故障？

四、参考信息

空气质量传感器是一个多功能传感器,是汽车全自动分区空调系统的组成部分,主要用于测量空气中的水分、环境温度、外界空气污染程度。

若外部空气质量较差,全自动空调系统的控制单元会自动停止空调系统外循环而转为内循环,阻止外部污染物进入。而当车外空气清新时又自动转为外循环。此外,当挂入倒档或者清洗前风窗玻璃而喷射清洗液时,自动空调也会自动地将循环模式转为内循环,防止倒车时的有害尾气和喷射清洗液时的异味进入车内。

(1)空气质量传感器安装位置

如图 6-3-1 所示,大众车系空气质量传感器连同新鲜空气进气道温度传感器 G89 一起安装在通风室的新鲜空气进气区域。

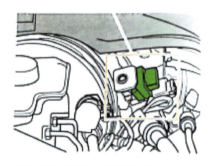

图 6-3-1　空气质量传感器安装位置

(2)工作原理

空气质量传感器具有通过感应某些化学物质(如 NO、NO_2 和 CO)检测空气污染程度的能力,如图 6-3-2 所示。根据进气空气的质量,它会自动打开车内空气循环模式(如果处于 AUTO 模式)。出于安全原因,如果外界温度降到 2℃以下或空调压缩机关闭,AUTO 模式将中断。

空气中的污染物是以可氧化或可还原气体形式存在的。Climatronic 控制单元需要该传感器信号来执行自动空气再循环功能。若此功能开启,在该传感器检测到空气中有污染物时,进气风门被自动关闭,并且空气再循环风门打开。

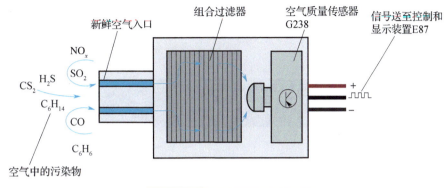

图 6-3-2 进气空气的质量检测

在自动空气内循环运行模式接通的情况下,空气质量传感器会测量吸入空气中的有害物质浓度。如果空气质量传感器识别到有害物质浓度明显升高,则暂时接通空气内循环运行模式。当有害物质浓度下降到正常水平时,自动关闭空气内循环运行模式,以便重新向车内输送新鲜空气。

五、参考资料

序号	书名、材料名称	出版单位
1	智能汽车传感器技术	机械工业出版社
2	奥迪轿车维修手册	一汽大众公司

学生笔记

模块七
转速传感器技术与应用

任务一 曲轴转速传感器技术与应用

一、任务信息

任务难度	中级	推荐学时	2
案例导入	顾客抱怨，一辆迈腾轿车不能起动，要求学员进行故障排除。维修人员通过诊断仪器进行诊断，发现是曲轴转速传感器故障导致发动机不能起动			
能力目标	素养	1. 具有严谨、规范、精益求精的大国工匠精神 2. 具有科技报国的家国情怀和使命担当 3. 具有正确的劳动观和劳动态度，爱岗敬业、吃苦耐劳的精神		
	知识	1. 了解曲轴转速传感器的定义 2. 了解曲轴转速传感器的安装位置 3. 了解曲轴转速传感器的作用		
	技能	1. 能够使用诊断仪器诊断曲轴转速传感器的故障 2. 能够描述曲轴转速传感器的工作原理 3. 能够安装曲轴转速传感器		

二、任务准备

本任务实施所需教学课件、维修手册、电路图请扫描二维码。

三、任务实施

根据能力素养培养要求，以提出问题、分析问题、解决问题为导向，完成以下工作任务，并填写下列工作表。

| 工作表 | 曲轴转速传感器 |

1. 简述曲轴位置（发动机转速、曲轴转速）传感器的应用。

2. 简述磁脉冲式曲轴位置传感器工作原理。

3. 用 VAS6356 测量迈腾轿车曲轴位置传感器的波形。

4. 下图为迈腾轿车电路图，回答下列问题。

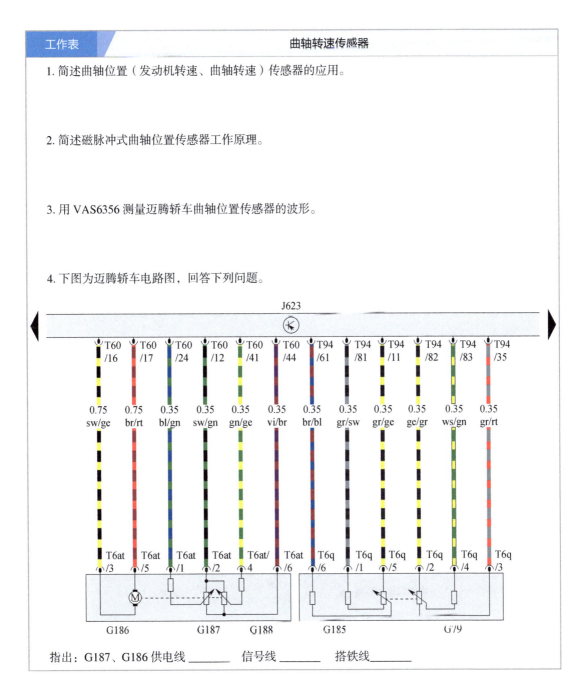

指出：G187、G186 供电线 _____ 信号线 _____ 搭铁线 _____

四、参考信息

1. 曲轴位置（发动机转速、曲轴转速）传感器作用

曲轴位置传感器（CKP 或 CPS）又称为发动机转速传感器。

它的作用是检测发动机转速和活塞上止点位置，故也称为上止点传感器、曲轴转角传感器。

曲轴位置传感器采集曲轴转动角度和发动机转速信号，将信号传递给发动机控制单元以便确定发动机喷油正时和点火正时。

2. 曲轴位置传感器的安装位置

曲轴位置传感器一般安装在曲轴前部、中部、飞轮上，如图 7-1-1 所示。

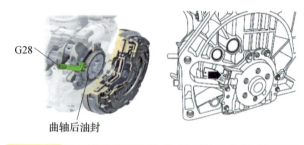

图 7-1-1　安装在奥迪轿车飞轮上的曲轴位置传感器 G28

3. 曲轴位置传感器的结构

（1）磁脉冲式曲轴位置传感器

1）磁脉冲式曲轴位置传感器组成。磁脉冲式曲轴位置传感器又称为磁感应式、可变磁阻式曲轴位置传感器，由永久磁铁、线圈、软磁铁心、安装支架、脉冲轮（齿圈）等组成，如图 7-1-2 所示。

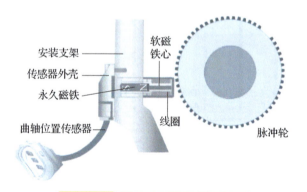

图 7-1-2　磁脉冲式曲轴位置传感器

2）曲轴位置传感器工作原理。磁脉冲式曲轴位置传感器依据法拉第电磁感应定律，在线圈中变化的磁通会产生感应电动势，如图 7-1-3 所示。

传感器的软磁铁心被线圈包围，与安装在曲轴上的一脉冲齿圈正对安装，两者间有一狭小空气间隙。软磁铁心与一永磁铁相连，磁场延伸至铁磁性的脉冲齿圈，并受其影响。随着曲轴带动齿圈转动，齿圈的齿尖可能与传感器正对或偏离，引起磁路的变化，从而在线圈中感生交流电压，其频率取决于转速，而电压幅值则与转速和空气隙大小有关。在齿圈上加工出一个大"齿间距",于是不仅可以测量转速,也可获取曲轴的位置信息。

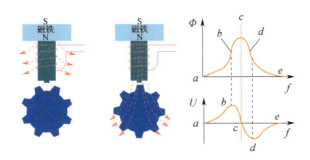

图 7-1-3 法拉第电磁感应定律

输出的完整波形如图 7-1-4 所示。

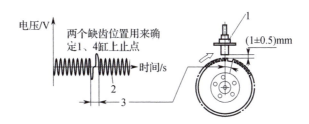

图 7-1-4 曲轴位置传感器输出完整波形
1—曲轴位置传感器　2—正常齿波形　3—缺齿波形

(2)霍尔式曲轴位置传感器

霍尔式曲轴位置传感器有两种形式:触发叶片式和触发轮齿式。

1)触发叶片式霍尔曲轴位置传感器。

①组成。触发叶片式霍尔曲轴位置传感器由触发叶轮、霍尔集成电路、磁轭、永久磁铁组成,而集成电路由霍尔元件、放大电路、温度补偿电路、信号变换电路、信号输出电路组成。触发叶轮安装在转子轴上,随转子轴一起转动,叶片便在霍尔集成电路与永久磁铁之间转动,如图 7-1-5 所示。

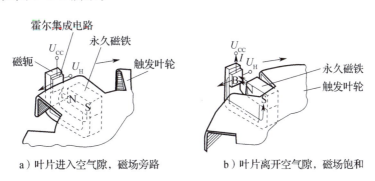

a)叶片进入空气隙,磁场旁路　　b)叶片离开空气隙,磁场饱和

图 7-1-5 霍尔式曲轴位置传感器结构及工作原理

②工作原理。当曲轴转动并带动转子轴转动时，触发叶轮的叶片便从霍尔集成电路与永久磁铁之间的气隙中转过。

当叶片进入气隙时，霍尔集成电路中的磁场被叶片旁路，如图 7-1-5a 所示。此时霍尔元件产生的霍尔电压为零，集成电路输出极的晶体管截止，传感器输出一个高电平信号电压 U_H。

当叶片离开气隙时，永久磁铁的磁通便经过霍尔集成电路和导磁钢片构成回路，如图 7-1-5b 所示。此时霍尔元件产生霍尔电压 U_H，霍尔集成电路输出极的晶体管导通，传感器输出一个低电平电压信号 U_0。波形形成原理如图 7-1-6 所示。

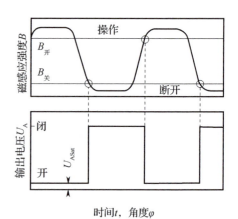

图 7-1-6 触发叶片式霍尔曲轴位置传感器输出特性波形

2）触发轮齿式霍尔曲轴位置传感器。

①组成。触发轮齿式霍尔曲轴位置传感器一般由霍尔信号发生器和信号转子两个基本元件组成。其基本结构和输出信号电压波形如图 7-1-7a、b 所示。

②工作原理。触发轮齿式霍尔曲轴位置传感器的信号转子即凸齿转子，安装在曲轴上，当曲轴或飞轮转动时，传感器的信号转子随其一起转动，从而使信号转子的齿缺与凸齿转过霍尔电路探头，使齿缺或凸齿与霍尔探头之间的气隙发生变化，磁通量随之变化，即磁感应强度 B 发生变化，在传感器的霍尔元件中就会产生交变电压信号，如图 7-1-7b 所示，其输出电压由两个霍尔信号电压叠加而成。因为输出信号为叠加信号，所以转子凸齿与信号发生器之间的气隙可以增大到（1.0±0.5）mm（普通霍尔式传感器仅为 0.2～0.4mm）。汽车用霍尔式传感器一般为三线或两线（一根为电源线、一根为信号线）。三线一根为电源线，供给工作电压，一般为 12V，也有用 8V、5V 或 9V 的；一根为信号线，需要提供 5V 参考电压，通过晶体管的导通或关闭，实现 0V 和 5V 的脉冲变化；第三根为搭铁线。

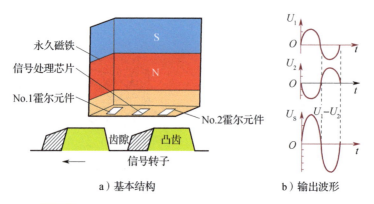

a）基本结构　　b）输出波形

图 7-1-7 触发轮齿式霍尔曲轴位置传感器结构及输出波形

输出波形的形状与信号转子的凸齿和缺齿形状有关，图 7-1-8 所示为霍尔式曲轴位置传感器完整输出波形。

图 7-1-9 所示为北京切诺基汽车的触发轮齿式霍尔曲轴位置传感器。在四缸发动机的飞轮外沿上有 8 个齿槽，平均分为两组，相隔 180°。每一组中每个齿槽的宽度为 2°，两个齿槽之间相隔 18°，如图 7-1-9a 所示。

在六缸发动机的飞轮外沿有 12 个齿槽，平均分为三组，每组相隔 120°。每组中每个齿槽的宽度为 2°，两个齿槽之间也相隔 18°，如图 7-1-9b 所示。

当飞轮齿槽通过传感器的磁铁时传感器输出 5V 高电平，当飞轮齿槽远离磁铁时传感器输出 0.3V 低电平。一个飞轮齿圈通过传感器时，传感器便产生一个高、低电平信号。

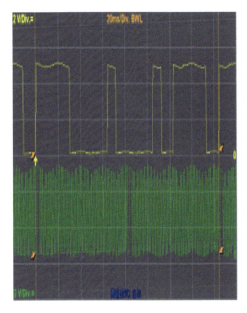

图 7-1-8　霍尔式曲轴位置传感器完整输出波形

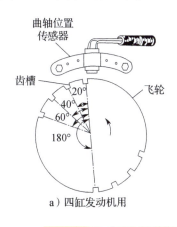
a) 四缸发动机用

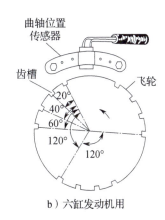
b) 六缸发动机用

图 7-1-9　北京切诺基汽车的触发轮齿式霍尔曲轴位置传感器

发动机飞轮的凹槽（飞轮为信号转子）通过传感器的信号发生器时，霍尔式传感器向外输出 5V 高电位；当飞轮凹槽间的金属凸齿与传感器信号发生器成一直线时，霍尔式传感器输出 0.3V 低电位。每当飞轮从一个凸齿到另一个凸齿经过传感器信号发生器时，传感器便产生一个高低电位脉冲信号。

当飞轮上的每组齿槽通过传感器信号发生器时，传感器将产生 4 个脉冲信号。四缸发动机飞轮每转一周传感器产生两组脉冲信号，六缸发动机飞轮每转一周传感器产生三组脉冲信号。ECU 根据传感器输入的脉冲信号即可计算出曲轴的位置及发动机的转速。

传感器提供的每组脉冲信号也可被 ECU 用来确定两缸活塞的位置。例如，在四缸发动机上，利用一组脉冲信号，可知 1 缸活塞和 4 缸活塞接近上止点，利用另一组脉冲信号，可知 2 缸活塞和 3 缸活塞接近上止点。同样，在六缸发动机上，利用一组脉冲信号，在同一时间内可知 1 与 6、2 与 5、3 与 4 缸活塞接近上止点。根据信号盘与霍尔式曲轴位置传感器的信号发生器的位置关系，ECU 从接收每一组脉冲信号的第一个脉冲信号的上升沿开始，能确定有两缸的活塞正在向上止点运动，六缸发动机也一样。由于第 4 个脉冲信号的下降沿与活塞位于上止点前 4° 位置相对应，因此，ECU 根据一组脉冲信号的第一个脉冲信号的下降沿，就能确定正在向上止点运动的两个活塞的位置，但不能确定是哪个缸的活塞，也不能对这两个缸的工作行程进行判断，所以还需要一个气缸判断信号，即还需要一个同步信号发生器。

4. 曲轴位置传感器的检测

（1）故障案例

一辆大众迈腾（GTE）轿车不能起动。

（2）故障排除

1）读取故障码。使用诊断仪 VAS6150 读取故障码为发动机转速传感器没有信号。

2）大众迈腾轿车曲轴位置传感器电路图（图 7-1-10）分析如下：曲轴位置传感器（发动机转速传感器）G28，1 号插脚是电源线，2 号插脚是信号线，3 号插脚是搭铁线。

3）检测传感器电源电压。连接 V.A.G1598/42 测试盒至发动机控制单元，用万用表测量 T60/9 号脚（发动机控制单元 9 号脚）的电压（红表笔接 9 号脚，黑表笔接地），测量值 5V，标准值 5V，如图 7-1-11 所示。

4）检测传感器信号电压。测量 T60/54 号脚的电压，

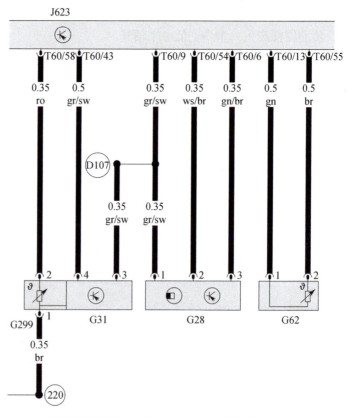

图 7-1-10 大众迈腾轿车曲轴位置传感器电路图

G31—增压压力传感器　G62—冷却液温度传感器
G299—进气温度传感器　J623—发动机控制单元

起动发动机，测量值 0V，标准值 2~3V。

通过测量结果得知，发动机转速传感器的信号电压存在异常。接下来检查线路的通断，如果线路正常，则检查转速传感器。

5）检查搭铁线的通断（图 7-1-12a）。测量 J623 的 T60/6 和 G28 的 3 号脚之间导线的电阻，测量结果 0.32Ω，正常。

6）检查电源线的通断（图 7-1-12b）。测量 J623 的 T60/9 和 G28 的 1 号脚之间导线的电阻。将红色表笔连接发动机控制单元 9 号脚，黑色表笔连接发动机转速传感器插接器 1 号脚。测量值为 0.32Ω，正常。

7）检查信号线的通断（图 7-1-12c）。测量 J623 的 T60/54 和 G28 的 2 号脚之间导线的电阻。将红色表笔连接 J623 的 54 号脚，黑色表笔连接 G28 插接器 2 号脚。测量值为 0.32Ω，正常。

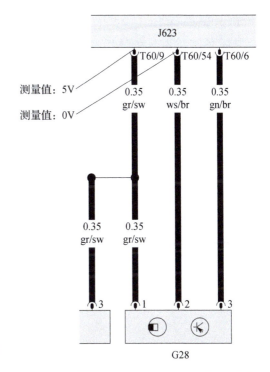

图 7-1-11　传感器电源、信号电压的测量

线路正常，更换转速传感器试车，车辆可以正常起动，故障排除。

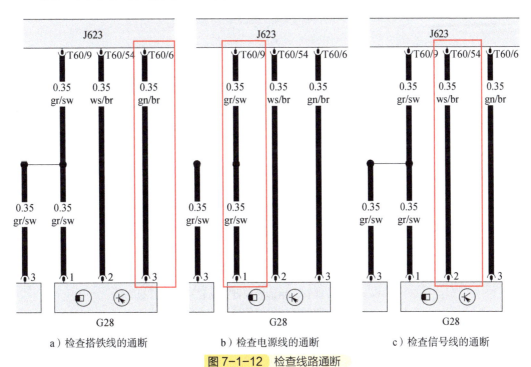

a）检查搭铁线的通断　　　b）检查电源线的通断　　　c）检查信号线的通断

图 7-1-12　检查线路通断

五、参考资料

序号	书名、材料名称	出版单位
1	汽车传感器从入门到精通	化学工业出版社
2	汽车传感器检测与维修快速入门60天	机械工业出版社

任务二　轮速传感器技术与应用

一、任务信息

任务难度	中级	推荐学时		2
案例导入	顾客抱怨，一辆迈腾轿车仪表板ABS、ESP警告灯异常点亮，要求维修人员进行故障排除。维修人员通过诊断仪器进行诊断，发现是由于ABS轮速传感器故障导致警告灯点亮			
能力目标	素养	1. 具有严谨、规范、精益求精的大国工匠精神 2. 具有科技报国的家国情怀和使命担当 3. 具有正确的劳动观和劳动态度，爱岗敬业、吃苦耐劳的精神		
	知识	1. 掌握轮速传感器的定义 2. 掌握轮速传感器的安装位置 3. 了解轮速传感器的作用		
	技能	1. 能够使用诊断仪器诊断轮速传感器的故障 2. 能够描述轮速传感器的工作原理 3. 能够安装轮速传感器		

二、任务准备

本任务实施所需教学课件、维修手册、电路图请扫描二维码。

三、任务实施

根据能力素养培养要求，以提出问题、分析问题、解决问题为导向，完成以下工作任务，并填写下列工作表。

工作表	轮速传感器
1. 描述磁感应式轮速传感器工作原理。	
2. 根据下图描述三线制霍尔式轮速传感器工作原理。 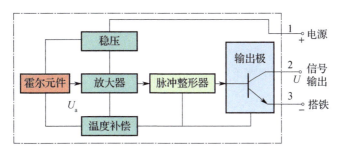	
3. 根据下图分析二线制霍尔式轮速传感器工作原理。 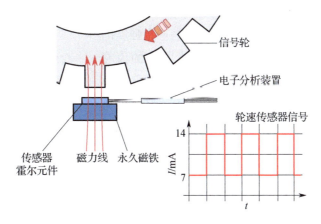	
4. 使用示波器测量 ABS 轮速传感器波形。	

四、参考信息

1. 轮速传感器概述

轮速传感器又称为车轮速度传感器,其功用是将车轮转速转换为电信号输入防抱死控制和防滑转控制 ECU,用以计算车轮的圆周速度,以便实现防抱死和防滑转控制。汽车常用轮速传感器有磁阻式、磁感应式和差动霍尔(效应)式三种,目前普遍采用磁感应式、霍尔式。

2. 磁感应式轮速传感器

(1)基本结构

如图 7-2-1 所示,磁感应式轮速传感器由传感元件和信号转子组成。传感元件为静止部件,由永磁体、感应线圈和外壳、极轴、电缆等组成,安装在车轮附近的静止部件(如转向节、半轴套管、悬架构件等)上,不随车轮转动。信号转子是由铁磁材料制成的带齿的圆环,又称为齿圈,安装在与车轮一同转动的部件(如轮毂、半轴等)上,如图 7-2-2 所示。

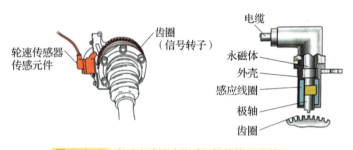

图 7-2-1 磁感应式轮速传感器的结构及安装

图 7-2-2 传感器安装位置

(2)工作原理

如图 7-2-3 所示,传感器永磁体产生一定强度的磁场,齿圈随车轮在磁场中旋转时,齿圈上的齿峰与齿谷通过磁场引起磁场强弱发生变化,在永磁体上的电磁感应线圈就产生一个交流信号。交流信号的频率与车轮速度成正比,交流信号的振幅随轮速的变化而变化。ABS ECU 通过识别传感器发来的交流信号的频率来确定车轮的转速,如果 ECU 发现车轮的减速度急剧增加,滑移率达到 20% 时,立刻给执行器发出指令,减小或停止车轮的制动力,以免车轮抱死。

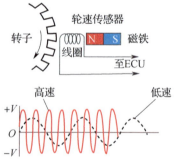

图 7-2-3 磁感应式轮速传感器工作原理

3. 霍尔式轮速传感器

（1）概述

按照信号检出形式，霍尔式轮速传感器可以分为三线制和二线制两种。三线制传感器有一根电源线、一根搭铁线、一根信号线；二线制传感器有一根电源线、一根信号线兼搭铁线。

（2）三线制霍尔式轮速传感器的结构与工作原理

三线制霍尔式轮速传感器由传感头和触发齿圈组成。传感头由永磁体、霍尔元件和电子电路等组成，永磁体的磁力线穿过霍尔元件通向触发齿圈。

齿圈随车轮一起转动，当齿圈位于图 7-2-4a 所示位置时，穿过霍尔元件的磁力线分散，磁场相对较弱。当齿圈位于图 7-2-4b 所示位置时，穿过霍尔元件的磁力线集中，磁场相对较强。这样，霍尔元件的磁力线密度发生变化，随齿圈的转动而引起霍尔电压的变化，霍尔元件将输出一个 mV 级的正弦波电压 U_1。它经放大器放大成电压信号 U_2 后，输入施密特触发器中将正弦波信号转换成标准的脉冲电压信号 U_3，最后再经输出极放大成电压信号 U_4 输出。波形如图 7-2-5 所示，电子线路原理框图如图 7-2-6 所示。

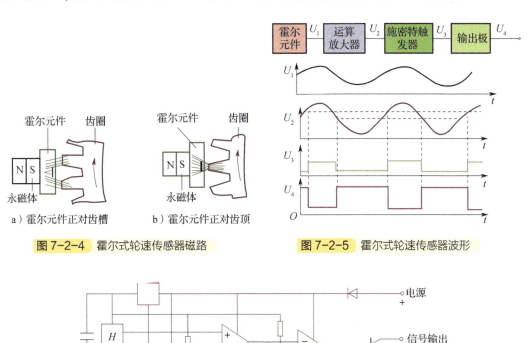

图 7-2-4 霍尔式轮速传感器磁路
a）霍尔元件正对齿槽　b）霍尔元件正对齿顶

图 7-2-5 霍尔式轮速传感器波形

图 7-2-6 三线制霍尔式轮速传感器线路原理框图

（3）二线制霍尔效应磁圈式轮速传感器

二线制霍尔效应磁圈式轮速传感器的结构如图 7-2-7 所示，霍尔效应磁圈式轮速传感器的测量元件是霍尔传感器，它包括三个霍尔元件。传统的传感器齿圈（脉冲感知环）被车轮轴承上的磁密封圈所取代，这个密封圈上布置有 48 对 N/S 磁极（多极）。

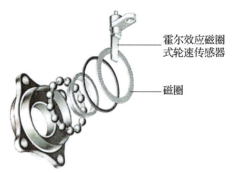

图 7-2-7　二线制霍尔效应磁圈式轮速传感器结构

传感器感知磁通量的变化，三个霍尔元件是错开布置的，如图 7-2-8 所示。元件之间的距离是这样选择的：当元件 C 测出的磁通量最小时，元件 A 测出的磁通量最大。传感器内会产生一个差动信号（A–C），如图 7-2-9 所示。

霍尔元件 B 布置在 A 和 C 之间。当信号 A 和 C 以及差动信号为零时，元件 B 测出的磁通量最大。信号 B 何时达到最大值（正或负）就作为判定旋转方向的依据。例如，如果差动信号（A–C）的过零点是由信号的下降沿得到的，且信号 B 的最大值为负，那么就认为车轮在逆时针转动，如图 7-2-10 所示。

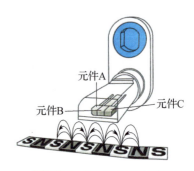

图 7-2-8　三个霍尔元件布置

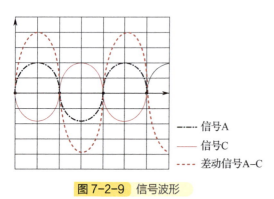

图 7-2-9　信号波形

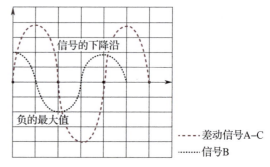

图 7-2-10　A–C、B 波形

二线制霍尔式传感器电路原理如图 7-2-11 所示。

图 7-2-12 所示是二线制霍尔式轮速传感器与 ESP 控制单元的连接电路。轮速传感器通过一个电流接口与 ESP 控制单元相连，ESP 控制单元内装有一个低阻值的测量电阻 R。轮速传感器有两个电插头，它与测量电阻一起构成一个分压器。插头 1 和 2 之间的电压就是蓄电池电压 U_B。传感器信号在测量电阻上会产生一个电压降 U_S。这个信号电压由控制单元进行分析。

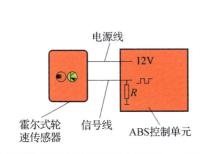

图 7-2-11 二线制霍尔式传感器电路原理

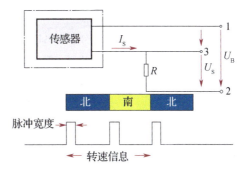

图 7-2-12 电路图及产生波形

霍尔式轮速传感器信号是 PWM 信号，某时间单位内的脉冲个数中包含着轮速信息。由脉宽信号提供旋转方向、空气间隙的大小、安装位置、停车识别正确的空气间隙大小等信息，这些对于系统操作和系统自诊断是很重要的。普通霍尔式轮速传感器的输出信号均为方波脉冲信号，占空比范围一般为 50%，但输出信号的电流存在差异，如图 7-2-13 所示。二线制霍尔式轮速传感器输出信号的高、低电压不受轮速影响，主要由 ABS 电控单元内部的电阻决定，如图 7-2-14 所示，电阻一定，高、低电压便一定，即使轮速很低，ABS 电控单元仍能检测到输出信号电压，这就克服了霍尔式轮速传感器输出信号电压随车轮转速变化而变化的缺点。

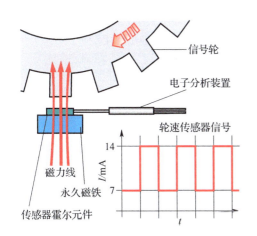

图 7-2-13 霍尔式轮速传感器原理及输出信号波形

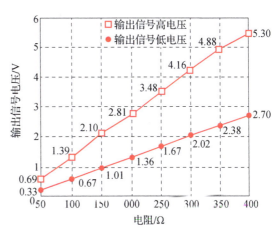

图 7-2-14 二线制霍尔式轮速传感器输出高、低电压与电阻关系

4. 霍尔式轮速传感器检测

（1）三线制霍尔式轮速传感器的检测

可用检测输出电压信号来判断霍尔式轮速传感器工作好坏，方法如下。

1）点火开关在"OFF"位置，用举升机将车辆举起，使四个轮胎离地 10cm 左右。

2）拔下轮速传感器的导线插接器插头，并用导线将线束插头与轮速传感器插头的电源端子相连。

3）用万用表的交流电压档检测轮速传感器的信号输出端子间的输出电压。注意：红表笔连接"+"端子，黑表笔连接"-"端子。

4）打开点火开关，松开驻车制动器，用手转动车轮，万用表应显示交流电压在 7~14V 之间。若电压不在规定范围，则应检查传感器与齿圈之间的间隙，其标准值为 0.2~0.5mm，否则间隙应进行调整。

（2）二线制霍尔式轮速传感器的检测

只能用示波器检测波形来判断霍尔式轮速传感器的工作好坏。示波器显示结果如图 7-2-15 所示。电流最高值为 14mA，最低值为 7mA，且交替出现，车轮旋转频率是 100Hz。

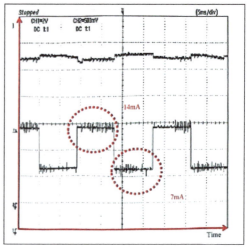

图 7-2-15　示波器检测波形

五、参考资料

序号	书名、材料名称	出版单位
1	智能汽车传感器技术	机械工业出版社
2	汽车传感器从入门到精通	化学工业出版社
3	维修手册	一汽大众公司

学生笔记

任务三　电机转子位置传感器技术与应用

一、任务信息

任务难度	中级	推荐学时	2
案例导入	顾客抱怨，一辆奥迪 Q5 混合动力轿车仪表板上红色混合动力警告灯点亮，车辆无法起动。维修人员通过诊断仪器进行诊断，为电驱动转子转速传感器 G713 出现故障		
能力目标	素养	1. 具有严谨、规范、精益求精的大国工匠精神 2. 具有科技报国的家国情怀和使命担当 3. 具有正确的劳动观和劳动态度，爱岗敬业、吃苦耐劳的精神	
	知识	1. 掌握电机转子位置传感器的定义 2. 掌握电机转子位置传感器的安装位置 3. 了解电机转子位置传感器的作用	
	技能	1. 能够使用诊断仪器诊断电机转子位置传感器的故障 2. 能够描述电机转子位置传感器的工作原理 3. 能够安装电机转子位置传感器	

二、任务准备

本任务实施所需教学课件请扫描二维码。

三、任务实施

根据能力素养培养要求，以提出问题、分析问题、解决问题为导向，完成以下工作任务，并填写下列工作表。

工作表	电机转子位置传感器
1. 描述电机转子位置传感器的作用。 2. 指出驱动电机转子位置（旋变）传感器的安装位置。 3. 描述磁阻式转子位置传感器的结构。 4. 描述磁阻式转子位置传感器（旋转变压器）的工作原理。	

四、参考信息

1. 电机转子位置传感器的作用

新能源汽车上的驱动电机多为永磁同步电机，电机转子位置传感器通常用于检测电机转子旋转的瞬间准确位置，涉及驱动电机的供电系统。电动汽车上只有直流电源，而驱动电机使用的却是三相交流电，因此中间需要用一个变频器将动力电池的高压直流电转变成三相交流电向同步电机供电，以适应车辆驱动的不同需要。

变频器是由车辆驱动系统的 ECU 控制的，通过 6 个绝缘栅双极晶体管（IGBT）的门控驱动电路控制三相交流电的频率及次序以改变驱动电机的转速和转向，因此变频器的门控电路是变频器的核心。在输入 ECU 的众多信号中，负责精准检测驱动电机转子旋转位置的信号十分重要，而在当前的驱动电机中，常采用磁阻式旋转变压器作为电机转子位置传感器，也称为旋变传感器。旋变传感器是一种位置传感器，可精确检测转子的位置、方向、速度，如图 7-3-1 所示。

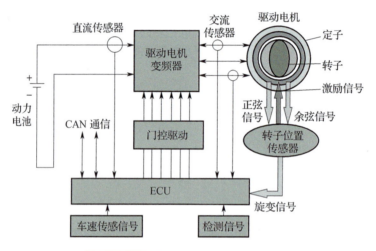

图 7-3-1 电动汽车上的驱动控制电路

2. 驱动电机转子位置（旋变）传感器的安装位置

驱动电机转子位置传感器安装在驱动电机的前部，如图 7-3-2 所示。

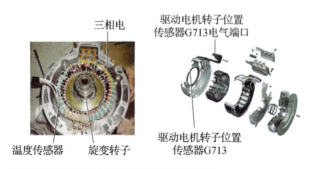

图 7-3-2 驱动电机转子位置（旋变）传感器的安装位置

3. 磁阻式转子位置传感器的结构

电机转子位置传感器常被称作磁阻式旋转变压器或同步分解器，它是一种电磁式传感器。旋转变压器可用来精确检测电机转子的角位移和角速度。它由定子和转子组成，其中定子由高性能硅钢片叠成，其上有绕组作为变压器的一次边接受励磁电压，转子绕组作为变压器的二次边，通过电磁耦合在二次边绕组上产生感应电压。

4. 磁阻式转子位置传感器（旋转变压器）工作原理

电动汽车驱动电机多使用磁阻式旋转变压器，利用磁阻原理来实现电信号间的转换。它的特点是一次与二次绕组都放在电机定子的不同槽内，且均固定不旋转。一次绕组属励磁绕组，通入正弦波形的励磁电流，而二次绕组由两相绕组产生输出信号。磁阻式旋转变压器示意图如图 7-3-3 所示。

旋变定子和转子的铁心由铁镍软磁合金或冲有槽孔的硅钢片叠成。转子是由驱动同步电机的永磁转子同轴带动旋转的。转子在旋转时通过磁阻原理在二次两相绕组上分别感应出正弦输入励磁电流及余弦电压信号，故称为正弦绕组和余弦绕组，产生彼此相差 90°的电角度信号。

磁阻式旋转变压器的转子采取多极形状，磁极的外形应符合能感应正弦信号的特殊要求，因此磁场气隙应近似于正弦波的形状，如图 7-3-4 所示。利用气隙和磁阻的变化使输出绕组的感应电压随机械转角做相应正弦或余弦的变化，同时转子必须满足多磁极的要求。旋转变压器的定子与转子的磁极数是不相同的，定子磁极数比转子磁极数多。

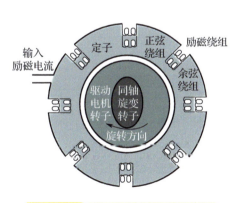

图 7-3-3 磁阻式旋转变压器示意图

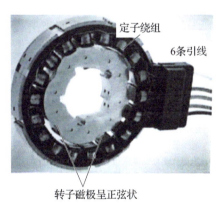

图 7-3-4 旋转转子磁极

磁阻式旋转变压器的 3 个绕组如图 7-3-5 所示，其中转子齿为 4 个，定子齿画出 5 个。励磁绕组、正弦绕组和余弦绕组均安置在定子槽内，输入的励磁绕组 A-A 是逐个磁极反向串接，而正弦绕组 S-S 及余弦绕组 C-C，则是以两个磁极为间隔反向串接的输出绕组。当转子相对定子旋转时，定子、转子间气隙的磁导发生变化，每转过一个转子齿距，气隙的磁导变化一个周期。当转子转过一圈时，则变化出与转子齿相同的数个周期。

气隙磁导的变化导致输入和输出绕组之间互感的变化,输出绕组感应的电动势也随之发生变化。输出绕组按正弦及余弦规律变化来判断转子的瞬间位置以及旋转的方向。

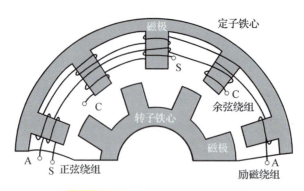

图 7-3-5　三相绕组相对安装位置

磁阻式旋转变压器的 3 个绕组,其中 S、C 两绕组互成 90°,对外共有 6 条引线。励磁绕组接收输入的正弦形激励电流,励磁频率通常有 400Hz、3000Hz 及 5000Hz 等多种。正交的两个感应绕组,依据旋变的转子、定子的相互位置关系,调制出具有正弦和余弦包络的检测信号。如果激励信号是 $\sin\omega t$,转子与定子间的角度为 θ,则正弦信号为 $V_a = V_s\sin\omega t$、$V_b = V_s\sin\omega t \sin\theta$、$V_c = V_s\sin\omega t \cos\theta$。

电机控制器向励磁绕组 A 输入一定量的交流电,从而将特定频率连续施加到输出绕组 S 和输出绕组 C 上,与转子转速无关。由于转子是椭圆状,因此定子与转子之间间隙的大小随着转子旋转而发生变化,间隙越大,输出绕组 S 和输出绕组 C 的波形峰值越小,间隙越小峰值越大,形成峰值周期变化。正弦和余弦变化曲线如图 7-3-6 所示。

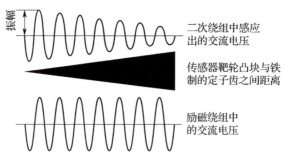

图 7-3-6　随间隙变化的正弦和余弦变化曲线

电动机或发电机检测输出线圈峰值,电控单元将这些值进行连接形成理论波形(图 7-3-7),根据 S、C 信号之间的差值估算转子的绝对位置,根据 S、C 信号的理论波形相位差确定旋转方向,并根据特定时间段内转子的角度变化估算转速。

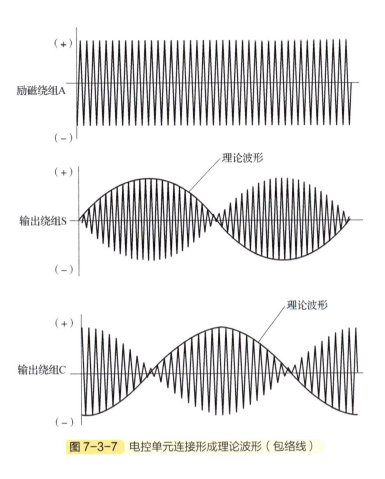

图 7-3-7 电控单元连接形成理论波形（包络线）

五、参考资料

序号	书名、材料名称	出版单位
1	智能汽车传感器技术	机械工业出版社
2	维修手册	

学生笔记

模块八

爆燃与碰撞传感器技术与应用

任务一　爆燃传感器技术与应用

一、任务信息

任务难度	中级	推荐学时	2
案例导入	顾客抱怨，一辆迈腾轿车发动机发抖，工作噪声非常大，油耗增加，起动困难，发动机工作粗暴，故障灯亮起，经维修人员诊断为爆燃传感器出现故障			
能力目标	素养	1. 具有严谨、规范、精益求精的大国工匠精神 2. 具有科技报国的家国情怀和使命担当 3. 具有正确的劳动观和劳动态度，爱岗敬业、吃苦耐劳的精神		
	知识	1. 掌握爆燃传感器的工作原理 2. 掌握爆燃传感器的安装位置 3. 了解爆燃传感器作用		
	技能	1. 能够使用诊断仪器诊断爆燃传感器故障 2. 能够描述爆燃传感器的工作原理 3. 能够安装爆燃传感器		

二、任务准备

本任务实施所需教学课件、维修手册、电路图请扫描二维码。

三、任务实施

根据能力素养培养要求，以提出问题、分析问题、解决问题为导向，完成以下工作任务，并填写下列工作表。

| 工作表 | 爆燃传感器 |

1. 指出爆燃传感器的安装位置。

2. 描述爆燃传感器的结构与原理。

3. 下图为迈腾轿车爆燃传感器电路图，回答下列问题

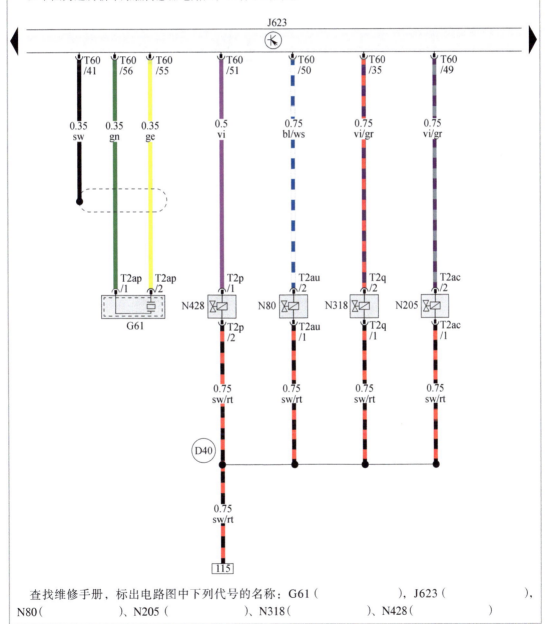

查找维修手册，标出电路图中下列代号的名称：G61（　　　　　），J623（　　　　　），
N80（　　　　），N205（　　　　），N318（　　　　），N428（　　　　）

四、参考信息

1. 爆燃传感器的作用

爆燃传感器主要感应发动机各种不同频率的振动,并将振动转化为不同的电压信号。当发动机发生爆燃时,爆燃传感器感应到此变化并产生较大的振幅电压信号,如图 8-1-1 所示。检测到的爆燃信号作为点火提前角的反馈信号输入 ECU,实现 ECU 对点火提前角的修正,使其保持最佳,从而实现点火提前角的闭环控制。

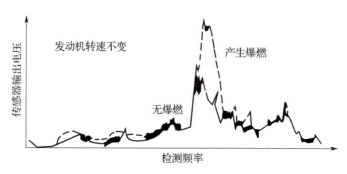

图 8-1-1 爆燃传感器的检测频率与输出电压

2. 爆燃传感器的安装位置

爆燃传感器一般安装在发动机气缸体、进气歧管或者火花塞上,如图 8-1-2 所示。

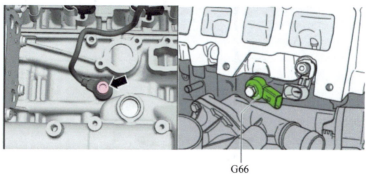

图 8-1-2 爆燃传感器外形及安装位置

3. 爆燃传感器的类型

按发动机缸体振动频率的检测方式不同，爆燃传感器可分为共振型和非共振型两种。按结构的不同，爆燃传感器分为压电式和磁致伸缩式及火花塞座金属垫式几种。

4. 爆燃传感器的结构与原理

（1）共振型爆燃传感器

共振型爆燃传感器的显著特点是传感器的共振频率与发动机爆燃的固有频率一致，并且共振体的共振频率与爆燃频率协调一致。其优点是输出电压高，不需要滤波器，信号处理比较方便，如图 8-1-3 所示。

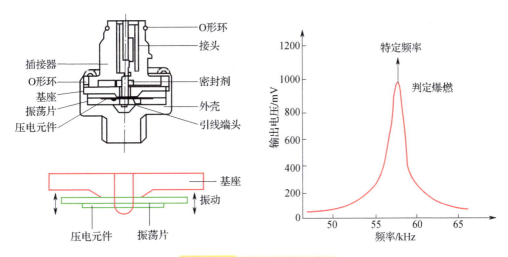

图 8-1-3　共振型爆燃传感器

（2）共振型磁致伸缩式爆燃传感器

共振型磁致伸缩式爆燃传感器主要由感应线圈、磁致伸缩杆、永久磁铁和外壳组成，其结构如图 8-1-4 所示。当发动机因爆燃而使缸体产生振动时，传感器的伸缩杆就会随之产生振动，感应线圈中的磁通量变化率会发生变化。根据电磁感应原理可知，在感应线圈内会产生一个交变电动势，即传感器有一个信号电压输出。输出电压的高低取决于发动机缸体的振动强度和振动频率。当传感器的固有振动频率和发动机缸体的振动频率相同时，即当发动机缸体的振动频率达到 6~9kHz 时，传感器将产生共振，此时振动强度最大，传感器感应线圈中产生的感应电压最高，其输出特性如图 8-1-4 所示。

（3）非共振型爆燃传感器

非共振型压电式爆燃传感器由平衡块、压电元件、壳体、电气连接装置等组成，如图 8-1-5 所示。平衡块由螺钉固定在壳体上。当发动机产生爆燃时，安装在缸体上的爆燃传感器内部平衡重因受振动的影响而产生加速度。平衡重将此加速惯性力转变为作用在压电晶体上的压力。压电晶体受到此加速度惯性压力后产生压电信号输出，输出电压由两个压电晶体的中央取出，经电路传输给 ECU。

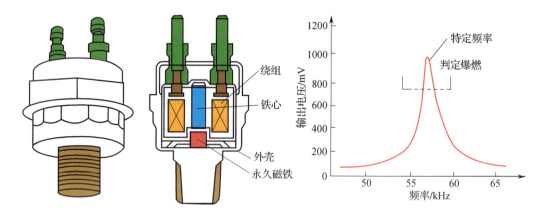

图 8-1-4　磁致伸缩式爆燃传感器的外形结构与输出特性

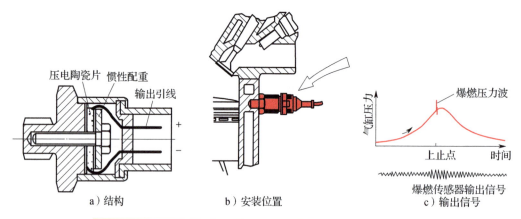

图 8-1-5　非共振型压电式爆燃传感器的结构、安装位置与输出信号

5. 爆燃传感器检测

迈腾轿车爆燃传感器电路图如图 8-1-6 所示。

1）爆燃传感器的随车检查。在进行爆燃传感器的检查时，可轻轻敲击爆燃传感器附近的缸体，发动机转速将随之下降。

2）用正时灯观察点火提前角的变化。轻轻敲击爆燃传感器附近的缸体，此时点火提前角应该突然向后推迟，然后又向前提前，此现象即说明爆燃传感器在起作用，爆燃传感器及其线路基本没有问题；反之，则说明爆燃传感器或线路出现故障。

3）在发动机工作过程中，如果爆燃传感器发生故障，则监测爆燃信号中断，ECU 就会将点火提前角推迟一定角度，在汽车行驶过程中，驾驶人就会明显感觉到发动机动力不足,这时发动机电控系统会诊断出有故障,并使故障指示灯点亮。

4)电阻检查。关闭点火开关,分别拔下爆燃传感器的 3 芯插头,用万用表电阻档分别测量 3 芯插头各端子之间的电阻值,各端子间的电阻值应都大于 1Ω。

5)检测爆燃传感器线束的导通性。关闭点火开关,分别拔下爆燃传感器 G61 的 2 芯插头,然后拔下 ECU J623 插头。用万用表电阻档分别测量爆燃传感器 G61 2 芯插座 1、2 端子与 ECU J623 的 T80/77、T80/63 端子之间的电阻值,应均小于 0.5Ω,如果电阻值过大或为无穷大,则线束与端子可能接触不良或存在断路,应及时排除。

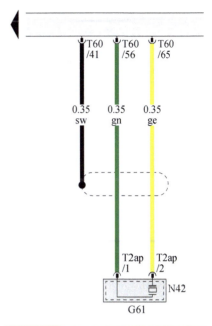

图 8-1-6 迈腾轿车爆燃传感器电路图

五、参考资料

序号	书名、材料名称	出版单位
1	汽车传感器从入门到精通	化学工业出版社
2	汽车传感器检测与维修快速入门 60 天	机械工业出版社

◆ 学生笔记

任务二　碰撞传感器技术与应用

一、任务信息

任务难度	中级	推荐学时	2
案例导入	顾客抱怨，一辆迈腾轿车仪表上 SRS 警告灯点亮，要求维修人员进行检修，经维修人员诊断发现驾驶人侧碰撞传感器出现故障			
能力目标	素养	1. 具有严谨、规范、精益求精的大国工匠精神 2. 具有科技报国的家国情怀和使命担当 3. 具有正确的劳动观和劳动态度，爱岗敬业、吃苦耐劳的精神		
	知识	1. 掌握碰撞传感器的结构 2. 掌握碰撞传感器的安装位置 3. 了解碰撞传感器工作原理		
	技能	1. 能够使用诊断仪器诊断碰撞传感器故障 2. 能够描述碰撞传感器的工作原理 3. 能够拆装安全气囊及碰撞传感器		

二、任务准备

本任务实施所需教学课件、维修手册、电路图请扫描二维码。

三、任务实施

根据能力素养培养要求，以提出问题、分析问题、解决问题为导向，完成以下工作任务，并填写下列工作表。

工作表	碰撞传感器
1. 简述碰撞传感器的作用。 	

2. 下图是奥迪 A6L 轿车碰撞传感器和执行器组成图,指出碰撞传感器在车上的安装位置。

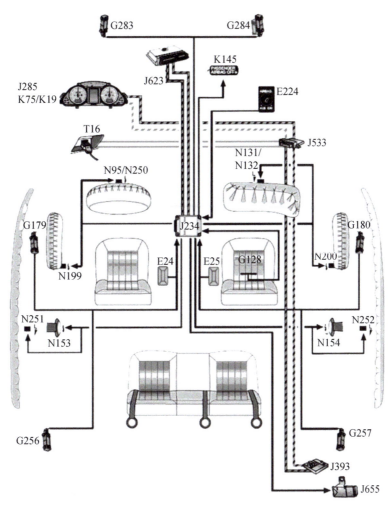

G128—前排乘客座椅被占传感器　G179—驾驶人侧面安全气囊碰撞传感器(前门)　G180—前排乘客侧面安全气囊碰撞传感器(前门)　G256—驾驶人侧后排侧面安全气囊碰撞传感器　G257—前排乘客后排侧面安全气囊碰撞传感器　G283—驾驶人安全气囊碰撞传感器　G284—前排乘客安全气囊碰撞传感器

3. 查找维修手册,写出使用 VAS 6150 关闭前排乘客安全气囊流程。

4. 下图为迈腾轿车安全气囊组成结构图及电路图,画出各传感器及控制单元网络拓扑图。

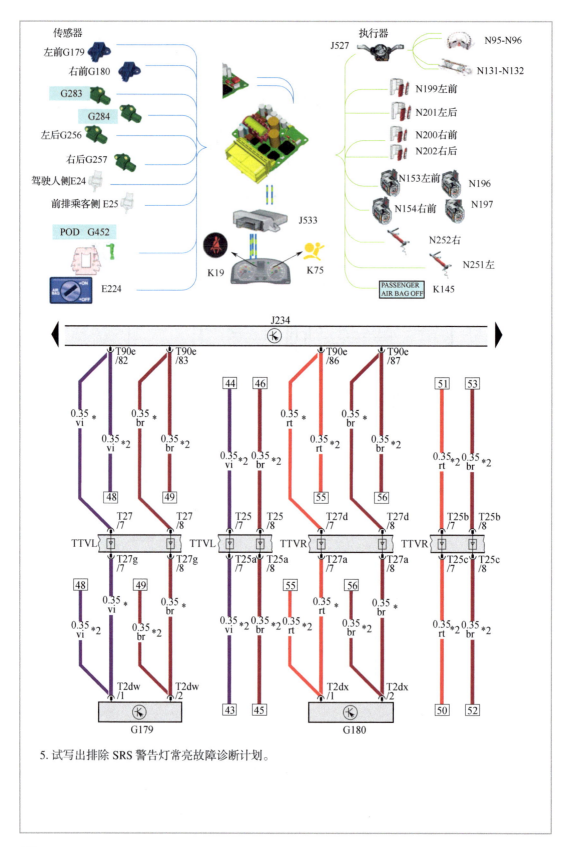

5. 试写出排除 SRS 警告灯常亮故障诊断计划。

四、参考信息

1. 碰撞传感器的作用

碰撞传感器一般用于安全气囊系统中,是安全气囊系统中主要的信号输入装置。其作用是在汽车发生碰撞时,检测汽车碰撞强度,并将信号输入安全气囊 ECU。安全气囊 ECU 根据碰撞传感器传送的信号来判断是否引爆气体发生器使气囊充气。

2. 碰撞传感器的安装位置

碰撞传感器一般安装在左、右挡泥板上方,或驾驶室内前下部的左、右两侧,或前保险杠附近,或 SRS ECU 内部。

3. 碰撞传感器的结构

碰撞传感器按其结构可分为机械式、机电式和电子式 3 种,使用最多的是机电式和电子式。

(1) 机电式碰撞传感器

机电式碰撞传感器主要有滚球式、偏心式、水银开关式等。

1) 滚球式碰撞传感器。如图 8-2-1 所示,平时小钢球被磁场力所约束。当碰撞时,在圆柱形钢套内小钢球向前运动,一旦接触到前面的触点,则将局部电路接通。这种传感器目前应用很广,可以检测各种撞击信号。

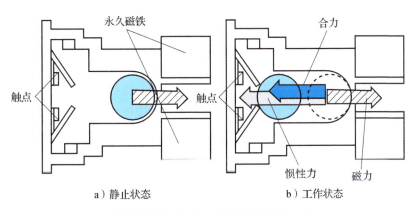

图 8-2-1 滚球式碰撞传感器工作原理

2) 偏心式碰撞传感器。偏心式碰撞传感器为具有偏心转动质量的机电式加速度传感器,由外壳、偏心转子、偏心重块、旋转触点与固定触点、螺旋弹簧等构成,如图 8-2-2 所示。偏心式碰撞传感器的外侧装有一个电阻,做自检之用,检测碰撞传感器总成与其之间的线路是否开路或短路。

当汽车正常行驶时,偏心转子和偏心重块被螺旋弹簧拉回,处于平衡状态,此时转子上安装的旋转触点与固定触点不接触。当车辆受到正面碰撞且速度达到设定值时,由于偏心重块惯性的作用,使偏心重块连同偏心转子和旋转触点一起转动,旋转触点与固定触点发生接触,如图 8-2-3 所示,从而向 ECU 发出闭合电路信号。

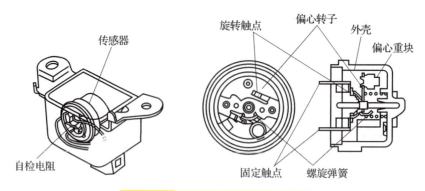

图 8-2-2 偏心式碰撞传感器的结构

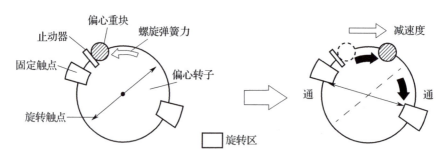

图 8-2-3 偏心式碰撞传感器的工作过程

3)水银开关式碰撞传感器。水银开关式碰撞传感器是安全传感器中常见的一种,如图 8-2-4 所示。当汽车碰撞时,水银产生惯性力抛向两个电极,使两极接通,并使点火器接通。安全传感器一般比碰撞传感器所需的惯性力或减速度小,以保证碰撞传感器的可靠工作。

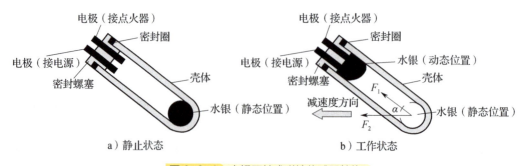

图 8-2-4 水银开关式碰撞传感器结构

（2）电子式碰撞传感器（压力传感器）

压力传感器在车辆发生侧面碰撞时，测量前车门内空气压力的突然变化情况，包括压电式压力传感器、电容式压力传感器。

1）压电式压力传感器。如图 8-2-5 所示，压电式压力传感器的传感器单元由一个密封空腔组成，在这个密封空腔中有一个带有压电晶体的张紧的薄膜。通过施加压力将薄膜压入，从而导致压电晶体中产生电荷位移。该电荷位移产生电压由电子分析装置进行处理，然后作为信号传递给安全气囊控制单元 J234。

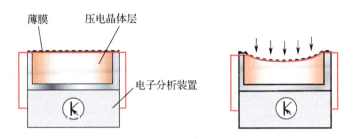

图 8-2-5　压电式压力传感器工作原理

2）电容式压力传感器。如图 8-2-6 所示，发生碰撞时由于电容器的电极（电容器电极板移动片或移动电极）位置发生变化，造成电容器的电量发生变化，使得输出电压发生变化，电控单元检测到相应的电压信号就可判断碰撞的减速度是否需要接通电子点火器点火，触发安全气囊。这种传感器可作为前部预碰撞传感器及前、后门碰撞传感器，也可作为中央控制传感器。

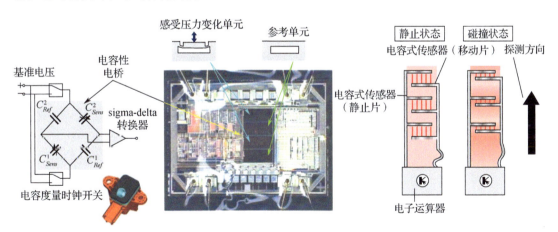

图 8-2-6　电容式压力传感器工作原理

五、参考资料

序号	书名、材料名称	出版单位
1	汽车传感器从入门到精通	化学工业出版社
2	汽车传感器检测与维修快速入门60天	机械工业出版社

学生笔记

模块九
其他传感器技术与应用

任务一　视觉传感器技术与应用

一、任务信息

任务难度	中级	推荐学时	2
案例导入	\multicolumn{3}{l|}{顾客抱怨，一辆红旗轿车装备车辆识别系统，在车辆行驶过程中，无法自动识别车道，要求维修人员进行操作并指导}		
能力目标	素养	\multicolumn{2}{l|}{1. 具有严谨、规范、精益求精的大国工匠精神 2. 具有科技报国的家国情怀和使命担当 3. 具有正确的劳动观和劳动态度，爱岗敬业、吃苦耐劳的精神}	
	知识	\multicolumn{2}{l|}{1. 掌握视觉传感器的分类 2. 掌握视觉传感器的安装位置 3. 了解视觉传感器作用}	
	技能	\multicolumn{2}{l|}{1. 能够使用诊断仪器诊断视觉传感器故障 2. 能够描述视觉传感器的工作原理 3. 能够安装视觉传感器}	

二、任务准备

本任务实施所需教学课件请扫描二维码。

三、任务实施

根据能力素养培养要求，以提出问题、分析问题、解决问题为导向，完成以下工作任务，并填写下列工作表。

工作表	视觉传感器

1. 简述视觉传感器的分类。

2. 描述视觉传感器的工作原理。

3. 描述视觉传感器的应用。

4. 下图为奥迪轿车倒车影像系统，试分析其工作原理。

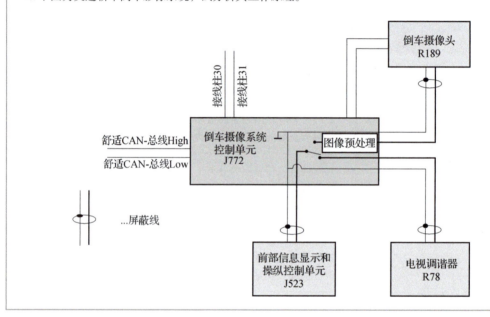

四、参考信息

1. 视觉传感器定义

视觉传感器是指通过对摄像机拍摄到的图像进行处理，来计算对象物的特征量（面积、重心、长度、位置等），并输出数据和判断结果的传感器。

视觉传感器是机器视觉系统信息的直接来源、主要由一个或者两个图形传感器组成，有时还要配以光投射器及其他辅助设备。视觉传感器的主要功能是获取足够的机器视觉系统所要处理的原始图像。

2. 视觉传感器的分类

视觉传感器按在智能网联汽车上的应用功能不同，一般分为单目视觉传感器、双目视觉传感器、三目视觉传感器和环视视觉传感器，如图 9-1-1、图 9-1-2 所示，具体分类见表 9-1-1。

图 9-1-1　单目视觉传感器

图 9-1-2　其他视觉传感器

表 9-1-1　视觉传感器分类列表

视觉传感器类别	特点	应用
单目视觉传感器	优点：成本低，能够识别具体障碍物的种类，识别准确； 缺点：无法识别没有明显轮廓的障碍物	车道线识别、行人识别和车辆识别
双目视觉传感器	没有识别率限制，无须先识别，可直接进行测量，直接利用视觉差计算距离，精度更高，无须维护样本数据库	交通参与者测距
三目视觉传感器	感知范围大，需同时标定三个摄像头，算法较复杂	远距离检测功能
环视视觉传感器	能实现 360° 广角，图像畸变大，如鱼眼摄像头	全景影像、盲区监测

3. 视觉传感器的结构组成

视觉传感器模组利用透镜成像的原理实现图像的成像，再通过感光芯片及相关电路来记录和传输图像信号，主要由镜头、图像传感器、模数转换器、图像处理器、图像存储器等组成，如图 9-1-3 所示。

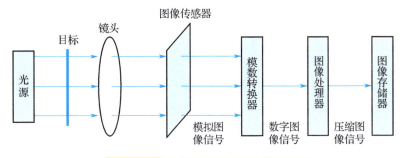

图 9-1-3　视觉传感器组成及成像原理

4. 视觉传感器的工作原理

视觉传感器的工作原理及流程：被拍摄物体的光线透过镜头，图像传感器中的感光材料将光强和颜色信息转换成模拟图像信号，模数转换器将模拟图像信号转换成数字图像信号，经过算法优化处理后，以图像文件的形式存储在图像存储器中。

5. 视觉传感器的应用

视觉传感器应用领域如图 9-1-4 所示。

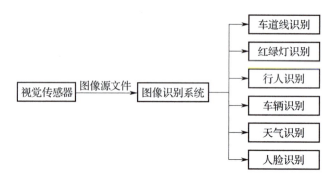

图 9-1-4　视觉传感器的应用领域

视觉传感器常见的布置位置如图 9-1-5 所示。

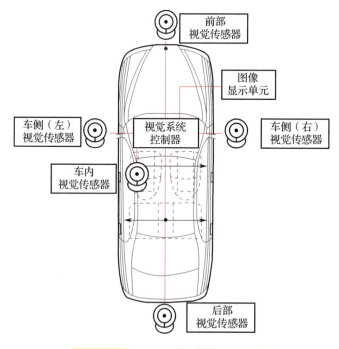

图 9-1-5　视觉传感器常见的布置位置

视觉传感器在车载领域的应用见表 9-1-2。

表 9-1-2　视觉传感器在车载领域的应用

功能名称	视觉传感器类别	功能简介
车道偏离预警系统	前视	视觉传感器识别车道线，当车辆有偏离车道线趋势时，发出预警信号
盲点监测系统	侧视	视觉传感器采集驾驶人盲区影像，并显示给驾驶人
泊车辅助系统	后视	视觉传感器采集车辆后方影像，并显示给驾驶人，协助泊车
全景泊车系统	前视、侧视、后视	运用图像拼接技术，将各视觉传感器的影像合成车辆周围的全景图片，显示给驾驶人
驾驶人监测系统	车内	视觉传感器采集驾驶人面部图像，进行人脸识别，监测驾驶人身份、情绪和疲劳等信息
行人碰撞预警系统	前视	视觉传感器识别到车辆前方有行人且可能发生碰撞时，发出预警信号
车道保持辅助系统	前视	视觉传感器识别车道线，当车辆有偏离车道线趋势时，纠正车辆行驶方向
交通标志识别系统	前视、侧视	视觉传感器识别周围交通标志信息，显示给驾驶人
前向碰撞预警系统	前视	视觉传感器识别到车辆周边交通参与者有碰撞风险时，发出预警信号

五、参考资料

序号	书名、材料名称	出版单位
1	智能汽车传感器技术	机械工业出版社
2	维修手册	红旗轿车公司

◆ 学生笔记

任务二　日照传感器技术与应用

一、任务信息

任务难度	中级	推荐学时	2
案例导入	顾客抱怨，一辆迈腾轿车在隧道行驶时，空调系统不能正常工作，要求维修人员进行诊断，经过维修人员诊断确定日照传感器出现故障		
能力目标	素养	1. 具有严谨、规范、精益求精的大国工匠精神 2. 具有科技报国的家国情怀和使命担当 3. 具有正确的劳动观和劳动态度，爱岗敬业、吃苦耐劳的精神	
	知识	1. 掌握日照传感器的分类 2. 掌握日照传感器的安装位置 3. 了解日照传感器的作用	
	技能	1. 能够使用诊断仪器诊断日照传感器故障 2. 能够描述日照传感器的工作原理 3. 能够安装日照传感器	

二、任务准备

本任务实施所需教学课件、维修手册请扫描二维码。

三、任务实施

根据能力素养培养要求，以提出问题、分析问题、解决问题为导向，完成以下工作任务，并填写下列工作表。

工作表	日照传感器
1. 描述日照传感器作用与安装位置。	
2. 描述日照传感器的结构。	
3. 描述日照传感器的工作原理。	

四、参考信息

1. 日照传感器作用与安装位置

日照传感器用来检测日照的强度与方向。它安装在仪表板除霜通风口下面,阳光透过滤光器照射下来。

2. 日照传感器的结构

日照传感器壳体中含有两个光电二极管与一个光学元件,如图 9-2-1 所示。该光学元件分为两个腔室,每个腔室各含一个光电二极管。

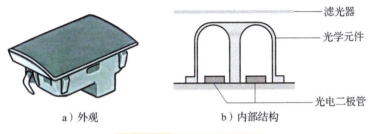

图 9-2-1 日照传感器结构

3. 日照传感器的工作原理

日照传感器的工作原理如图 9-2-2 所示。如果阳光从左侧照射到传感器上,光学元件本身的特性会将光线集中到左侧光电二极管上,此时该侧光电二极管上产生的电流会明显地大于另一侧的光电二极管,如图 9-2-2a 所示。如果阳光从右侧照射,那么该侧的光电二极管就具有更高的电流,如图 9-2-2b 所示。这样,空调系统控制单元就可以判定车内的哪一侧受太阳影响而升温。

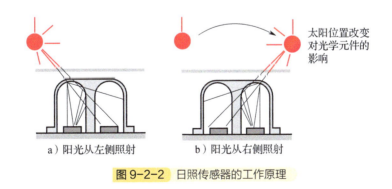

图 9-2-2 日照传感器的工作原理

4. 日照传感器的检测

1)拆下仪表板上的杂物箱,拔下日照传感器导线插接器,将点火开关置于 ON 位置,用布遮住传感器,然后用灯光照射日照传感器,测量日照传感器插接器端子 1 与 2 间的电压值。在正常情况下，电压值应为 4.0~4.5V，随着灯光逐渐远离电压减小，不应超过 4.0V。

2）用布遮住传感器，测量插接器端子 1 与 2 间的电阻值，在正常情况下应为不导通（电阻值为 ∞）。从日照传感器上移开遮布，使其受灯光照射，检测端子 1 和 2 之间电阻值，应为 4kΩ（灯光移开电阻值随之下降）。它的控制电路如图 9-2-3 所示。正常情况下两根导线的电阻值应小于 0.5Ω。

另外，还可以拔下传感器插接器，连接好蓄电池和万用表。将传感器放在强光区，测量 2 号端子与蓄电池负极间的电流；再将传感器放在弱光区，测量 2 号端子与蓄电池正极的电流。测量结果应为强光区电流大于弱光区电流，若不符合规定，则应更换传感器。

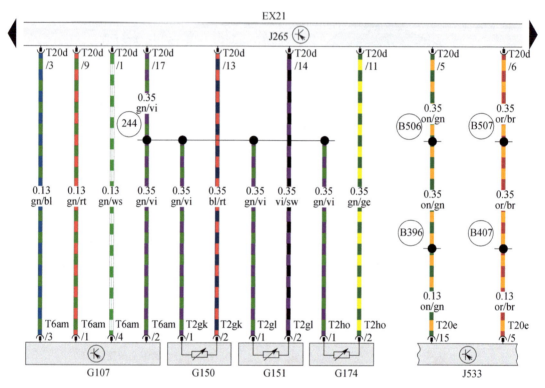

图 9-2-3　迈腾轿车日照传感器控制电路

EX21—暖风/空调操作　G107—日照传感器　G150—左侧出风口温度传感器　G151—右侧出风口温度传感器
G174—后部出风口温度传感器　J265—全自动空调控制单元　J533—数据总线诊断接口

五、参考资料

序号	书名、材料名称	出版单位
1	智能汽车传感器技术	机械工业出版社
2	维修手册	一汽大众公司

任务三　雨量和光线识别传感器技术与应用

一、任务信息

任务难度	中级	推荐学时	2
案例导入	顾客抱怨，一辆高尔夫轿车在雨天自动刮水器无法自动刮水，要求维修人员进行诊断，经过维修人员诊断确定雨量和光线识别传感器出现故障		
能力目标	素养	1. 具有严谨、规范、精益求精的大国工匠精神 2. 具有科技报国的家国情怀和使命担当 3. 具有正确的劳动观和劳动态度，爱岗敬业、吃苦耐劳的精神	
	知识	1. 掌握雨量和光线识别传感器结构 2. 掌握雨量和光线识别传感器的安装位置 3. 了解雨量和光线识别传感器工作原理	
	技能	1. 能够使用诊断仪器诊断雨量和光线识别传感器故障 2. 能够描述雨量和光线识别传感器的工作原理 3. 能够安装雨量和光线识别传感器	

二、任务准备

本任务实施所需教学课件、电路图请扫描二维码。

三、任务实施

根据能力素养培养要求，以提出问题、分析问题、解决问题为导向，完成以下工作任务，并填写下列工作表。

工作表	雨量和光线识别传感器
1. 指出雨量和光线识别传感器安装位置。	
2. 描述雨量和光线识别传感器工作原理。	
3. 参考迈腾维修手册写出拆卸和安装雨量和光线识别传感器的步骤，有哪些注意事项。	

四、参考信息

1. 雨量和光线识别传感器安装位置

如图9-3-1所示,在高尔夫车上,雨量和光线识别传感器G397安装在两个刮水器摆臂交叠区域中间尽可能较高的位置处,一般安装在前风窗玻璃后面内后视镜底座下。

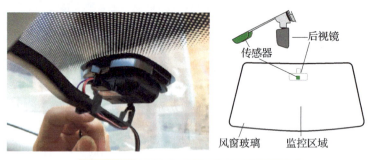

图9-3-1 雨量和光线识别传感器安装位置

2. 雨量和光线识别传感器结构

如图9-3-2所示,雨量和光线识别传感器由光电传感器元件和一个发光二极管组合而成。所有部件都位于传感器壳体内的一个印制电路板上。有一个光学元件将传感器壳体与风窗玻璃隔开。该光学元件用于聚集和校准射出和射入的光线。整个传感器利用粘接膜固定在风窗玻璃上,传感面积为300mm²。发光二极管和光电二极管用于雨量识别,进行光线识别时使用环境光线传感器和远距离传感器。

3. 雨量和光线识别传感器原理

(1)雨量识别原理

光电式雨量识别传感器内部四周布置有发光二极管,中间是光电二极管,如果风窗玻璃完全干燥,则大部分的光线都会被反射回来。风窗玻璃上面的水滴越多,反射回来的光线就越少。雨量大小改变了LED发射出来的光线折射率和强度,导致光电二极管感受到的光线强度发生了变化,由此来判断雨量的大小,从而实现自动刮水功能,如图9-3-3所示。

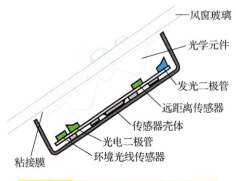

图9-3-2 雨量和光线识别传感器结构

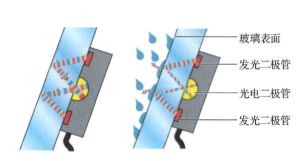

图9-3-3 雨量和光线识别传感器雨量识别原理

（2）光线识别原理

如图 9-3-4 所示，雨量和光线识别传感器内安装了两个不同的光线传感器。一个是探测车辆周围环境光线的传感器，一个是远距离探测行驶方向的传感器（距离为 3 个车长）。

该系统根据两个传感器信号的差值确定驶入隧道的车辆是否打开行车灯，电控单元内部设置了远距离传感器和探测车辆周围环境光线传感器的亮度差值限值，当亮度差小于接通限值时行车灯保持关闭，当亮度差大于接通限值时接通行车灯，如果还启用了雨量识别功能，雨量达到一定程度时也会接通行车灯。图 9-3-5 所示为车辆驶入隧道时，传感器识别过程。

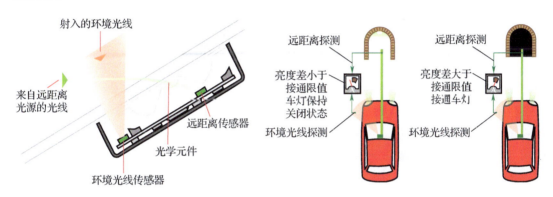

图 9-3-4 雨量和光线识别传感器光线识别原理　　图 9-3-5 进入隧道时两个传感器的识别过程

五、参考资料

序号	书名、材料名称	出版单位
1	智能汽车传感器技术	机械工业出版社
2	维修手册	

学生笔记

任务四　转向力矩传感器技术与应用

一、任务信息

任务难度	中级	推荐学时	2
案例导入	顾客抱怨，一辆大众轿车，在行驶过程中，转向越来越沉重，仪表指示灯点亮，要求维修人员进行诊断，经过维修人员诊断确定是转向力矩传感器出现故障，使得指示灯 K161 点亮		
能力目标	素养	1. 具有严谨、规范、精益求精的大国工匠精神 2. 具有科技报国的家国情怀和使命担当 3. 具有正确的劳动观和劳动态度，爱岗敬业，吃苦耐劳的精神	
	知识	1. 掌握转向力矩传感器结构 2. 掌握转向力矩传感器的安装位置 3. 了解转向力矩传感器工作原理	
	技能	1. 能够使用诊断仪器诊断转向力矩传感器故障 2. 能够描述转向力矩传感器的工作原理 3. 能够拆装转向力矩传感器	

二、任务准备

本任务实施所需教学课件请扫描二维码。

三、任务实施

根据能力素养培养要求，以提出问题、分析问题、解决问题为导向，完成以下工作任务，并填写下列工作表。

工作表	转向力矩传感器
1. 描述转向力矩传感器的结构。	
2. 参考下图描述转向力矩传感器的工作原理。	

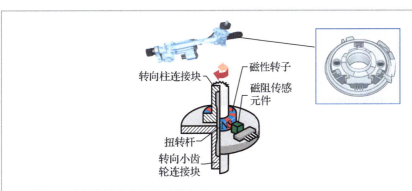

3. 描述迈腾轿车转向力矩传感器电路。

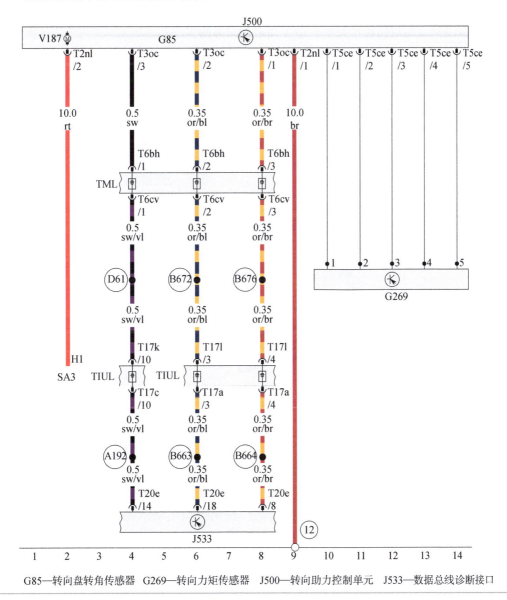

G85—转向盘转角传感器　G269—转向力矩传感器　J500—转向助力控制单元　J533—数据总线诊断接口

四、参考信息

1. 转向力矩传感器概述

转向力矩传感器主要用于电子控制的转向系统中，如电动助力转向系统、主动转向系统、随速转向系统等。它用来测量驾驶人操纵转向盘的转向力矩，并将其转变为电子信号输出至控制单元，从而决定助力的程度和附加角度的大小。

2. 转向力矩传感器作用

转向力矩传感器通过检测弹性扭转杆因转向盘的转矩而产生的变形角度来测量转向盘操纵力矩。当操作转向盘时转向扭杆将产生扭转变形，其变形的扭转角与转向盘所受转矩成正比，所以只要测定扭转角大小，即可知道转向力的大小。

驾驶人施加在转向盘上的转向力矩是计算转向助力大小的基础，助力是由转向系统提供的。转向力矩由转向机构主动齿轮上的转向力矩传感器 G269 确定，转向力矩传感器安装位置如图 9-4-1 所示。它测得的是转向输入轴相对于转向机构主动齿轮的转动量，并将该转动量转化成模拟电压信号。

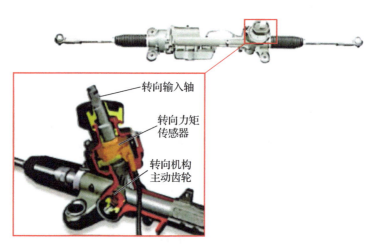

图 9-4-1　转向力矩传感器安装位置

3. 转向力矩传感器结构

如图 9-4-2 所示，在转向力矩传感器上，转向输入轴和转向机构主动齿轮是通过一根扭力杆连接起来的。该扭力杆有一定的抗扭转能力。转向输入轴上有 16 个环形磁铁（8 个极对），该磁铁与转向输入轴一同转动。转向机构主动齿轮上有两个定子，每个定子有 8 个齿，定子与转向机构主动齿轮一同转动。在初始位置时，定子上的这些齿正好位于环形磁铁上相应的 S 极和 N 极之间。霍尔式传感器与壳体刚性连接，不随着转动。

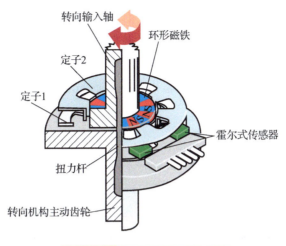

图 9-4-2 转向力矩传感器结构

4. 转向力矩传感器工作原理

该传感器工作时是非接触式的,它采用磁阻效应原理来工作。定子 1 和定子 2 之间磁通量强度和方向就是转向力矩的直接量度,由两个霍尔式传感器(冗余布置)来测量。根据所施加的转向力矩大小(其实就是扭转角大小),霍尔式传感器的信号就在零位和最大位置之间变动。

(1)转向力矩传感器在零位时

如图 9-4-3 所示,转向力矩传感器在零位时,定子 1 和定子 2 的齿正好位于两磁极之间。因此,定子 1 和定子 2 都不是朝南或朝北,在这两个定子之间没能建立起磁场。这两个霍尔式传感器采用 5V 的输入电压供电。由于在这两个定子之间没能建立起磁场,所以这两个霍尔式传感器输出电压为 2.5V,这表示转向力矩为零。

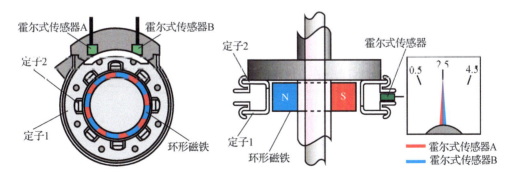

图 9-4-3 转向力矩传感器在零位时

(2)转向力矩传感器在最大位置时

如图 9-4-4 所示,如果驾驶人转动了转向盘,那么转向输入轴和转向机构主动齿轮之间就会产生一个扭转角。环形磁铁相对于定子 1 和 2 就扭转了。如果定子 1 的 8 个齿正好在环形磁铁的 N 极上,同时定子 2 的 8 个齿正好在环形磁铁的 S 极上,两个定子之间会建立起磁场,霍尔式传感器会检测到这个磁场并将其转换成电信号。如果霍尔式传感器 A 输出 4.5V 这个最大电压,那么霍尔式传感器 B 就输出 0.5V 这个最小电压。如果转向盘转动方向与此相反,那么霍尔式传感器 A 输出 0.5V,而霍尔式传感器 B 输出 4.5V。

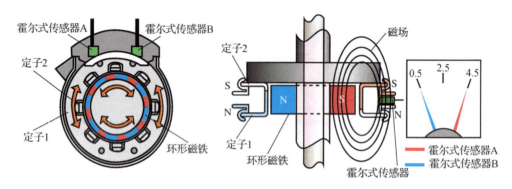

图 9-4-4 转向力矩传感器在最大位置时

（3）信号中断的影响

如果转向力矩传感器损坏,那就必须更换转向器。如果识别出故障,那么转向助力功能就被关闭。这个关闭不是突然就完成了,而是"软的"（逐渐的）。为了实现这种"软"关闭,控制单元会根据转向角和电动机转子角计算出一个转向力矩替代信号。此时电动机械式助力转向指示灯 K161 会呈红色亮起,表示有故障。

5. 转向力矩传感器功能

电子转向助力系统由转向力矩传感器 G269、转向助力控制单元 J500、电动机、驱动小齿轮、驱动齿条、转向盘转角传感器 G85、转向柱、转向小齿条组成,如图 9-4-5 所示。

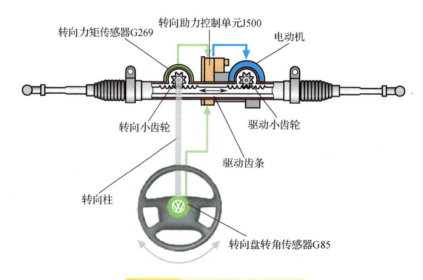

图 9-4-5 电子转向助力系统组成

转向力矩传感器同转角传感器同时工作，完成转向助力。转向助力系统有以下几种功能：随速功能、高速公路工况下的转向操纵功能、主动回正功能、直线行驶功能。

（1）随速功能

转向助力是通过存储在控制单元中的不变的特性图程序控制的，特性图是在生产厂根据不同的整车装备分别设置的（如整车重量）。如果控制单元或转向系统发生了改变，可以用 VAS 6150 进行匹配。

图 9-4-6 所示为高尔夫轿车八种特性图的两种，根据车辆的载荷不同又可分为轻重两部分特性曲线。每种特性图由五种不同速度的特性曲线组成（如 0km/h、15km/h、50km/h、100km/h、250km/h）。特性曲线表明，由电动机给予的助力转向力矩是由输入的转向力矩和车速决定的。

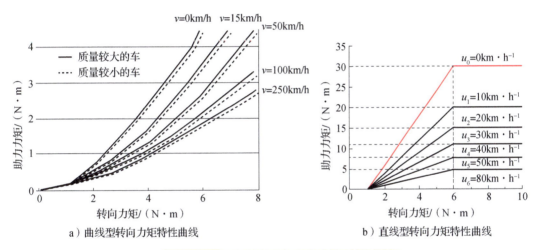

图 9-4-6 转向助力力矩与车速关系特性曲线

1）当驾驶人用力旋转转向盘时助力转向系统开始工作。

2）作用在转向盘上的力引起了转向小齿轮的旋转，转向力矩传感器 G269 察觉到旋转并将计算出的转向力传给控制单元 J500。

3）转向盘转角传感器 G85 将正确的转向盘转动角度传给控制单元 J500。

4）根据转向力、发动机转速、车速、转向盘转角、转向盘转速以及存储在控制单元中的特性曲线图，控制单元计算出必要的助力力矩并控制电机开始工作。

5）由电动机驱动的第二个小齿轮（驱动小齿轮）提供能量产生转向助力，电动机通过一个蠕动齿轮驱动小齿轮，从而驱动转向齿条产生助力。

6）助力转向力矩和施加在转向盘上的力矩的总和是最终驱动转向齿条的有效力矩，如图 9-4-7 所示。

（2）高速公路工况下的转向操纵功能

1）在变换车道时，驾驶人对转向盘施加一个轻微的力。

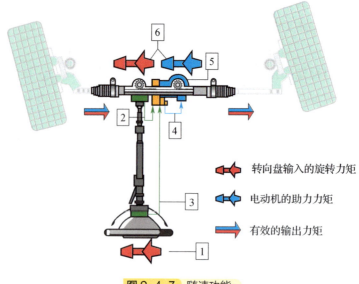

图 9-4-7 随速功能

2）作用在转向盘上的力引起了转向小齿轮上的转动杆旋转，转向力矩传感器 G269 察觉到旋转并将计算出的转向力传给控制单元 J500，指示出一个"小"的转向力施加在转向盘上。

3）转向盘转角传感器 G85 将大的转向盘转动角度传给控制单元 J500。

4）根据大的转向力、大的转向盘转角、车速（100km/h）、发动机转速、转动速度以及存储在控制单元中的 v =100km/h 的特性曲线图，控制单元计算出需要一个"小"的助力力矩并控制电动机开始工作。

5）这样在高速公路上变换车道时，由电动机驱动的第二个小齿轮（驱动小齿轮）提供能量产生"小"的转向助力，驱动转向齿条，或者根本就不助力。

6）施加在转向盘上的力矩和"最小"的助力转向力矩的总和是在高速公路上变换车道时最终驱动转向齿条上的有效力矩，如图 9-4-8 所示。

（3）主动回正功能

1）如果驾驶人在转弯的过程中减少了施加在转向盘上的力，旋转杆上的扭转也相应减少。

2）转向力减少的同时，转向角度和转向速度都相应地减少，一个精确的回转速度也被相应地计算出来。将其和转向角度和速度进行比较，其结果就是需要的回正力。

3）作用在转向盘上的转向回正力是整个运动装置设计的结果，转向回正力经常很微弱，因为转向系统及悬架系统的摩擦力就可以使车轮回到中心位置。

4）控制单元根据转向力、车速、发动机转速、转向角度、转向速度和存储在控制单元中的特性曲线图评估出电动机需要的必要的回正力。

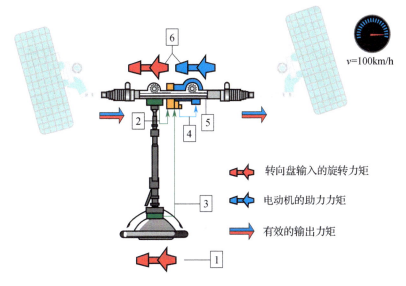

图 9-4-8 高速公路工况下的转向操纵功能

5）电动机工作促使车轮回到直线向前行驶的方向，即中心位置。图 9-4-9 所示为主动回正功能。

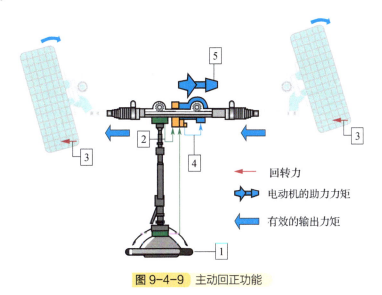

图 9-4-9 主动回正功能

（4）直线行驶功能

直线行驶功能是主动回正功能的一个扩展，当没有力提供时，系统产生一个助力使车轮回到中心位置。为实现该功能，又分为长时间法则和短时间法则两种不同的情况。

长时间法则：轮胎长时间偏离中心位置，例如，当将夏季轮胎换为冬季轮胎时。

短时间法则：轮胎短时间偏离中心位置，例如，受到侧向风时，会产生必要的转向阻力。

1)当车辆受到持续的侧向力时,如侧向风。

2)驾驶人给转向盘一个力使车辆保持直线行驶状态。

3)控制单元根据转向力、车速、发动机转速、转向角度、转向速度和存储在控制单元中的特性曲线图评估出要保持直线行驶状态电动机需要提供的必要力。

4)电动机工作,车辆回到直线行驶状态,驾驶人不需要再用力保持方向盘,如图 9-4-10 所示。

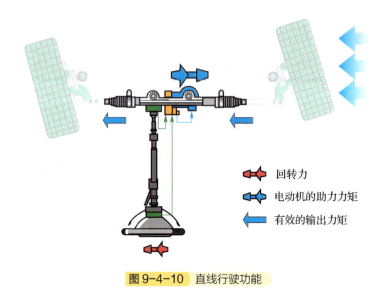

图 9-4-10 直线行驶功能

五、参考资料

序号	书名、材料名称	出版单位
1	智能汽车传感器技术	机械工业出版社
2	维修手册	一汽大众公司

学生笔记

任务五　座椅占用识别传感器与安全带拉紧力传感器技术与应用

一、任务信息

任务难度	高级	推荐学时	2
案例导入	顾客抱怨，他的迈腾（GTE）混合动力轿车，安全带警报声不停地响起，这不仅会干扰驾驶人的注意力，还会让乘客感到不适和困扰，经维修人员诊断为座椅占用识别传感器出现故障		
能力目标	素养	1. 具有团队协作精神 2. 养成采用科学的方法分析和解决问题的习惯 3. 具有安全意识、环保意识、法律意识	
	知识	1. 了解座椅占用识别传感器与安全带拉紧力传感器的结构 2. 掌握座椅占用识别传感器与安全带拉紧力传感器安装位置 3. 了解座椅占用识别传感器与安全带拉紧力传感器系统	
	技能	1. 能够使用诊断仪器诊断座椅占用识别传感器与安全带拉紧力传感器的故障 2. 能够描述座椅占用识别传感器与安全带拉紧力传感器的工作原理 3. 能够安装座椅占用识别传感器与安全带拉紧力传感器	

二、任务准备

搜集座椅占用识别传感器和安全带拉紧力传感器相关电路图。

三、任务实施

根据能力素养培养要求，以提出问题、分析问题、解决问题为导向，完成以下工作任务，并填写下列工作表。

工作表	座椅占用识别传感器与安全带拉紧力传感器
1. 描述座椅占用识别传感器结构。	
2. 描述座椅占用识别控制单元的作用。	

3. 下图为迈腾轿车座椅占用识别控制电路，试简述其工作过程。

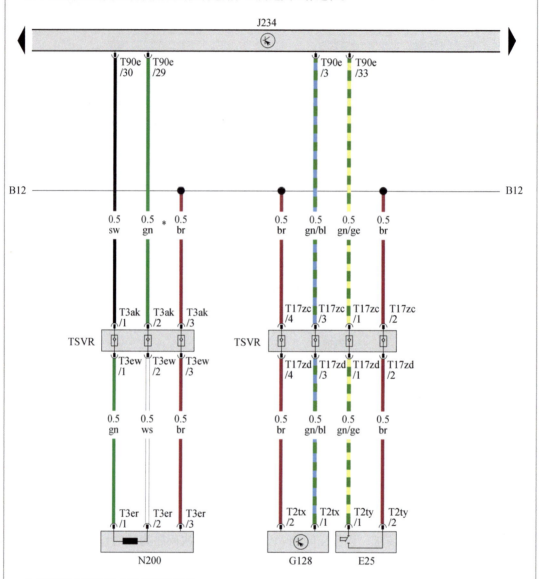

4. 描述安全带拉紧力传感器的结构。

5. 描述安全带拉紧力传感器工作原理。

6. 如何检测安全带拉紧力传感器故障？

7. 如何检测系戴安全带识别开关？

四、参考信息

1. 座椅占用识别传感器安装位置

前排乘客侧座椅占用识别传感器安装在前排乘客座椅的座椅套和座垫之间，通过检测重量的变化来判断有无乘员乘坐，该信号用于安全带与安全气囊工作。

如图 9-5-1 所示，大众车系前排乘客侧座椅占用识别传感器 G128 安装在前排乘客座椅套和座垫之间。前排乘客侧座椅占用识别传感器 G128 是一塑料膜，该膜覆盖在座椅的后部，由几个单独的压力电阻组成，用于感知座椅相关部位的压力。前排乘客侧座椅占用识别传感器 G128 根据座椅上的压力改变其电阻值。如果前排乘客侧座椅未被占用，前排乘客侧座椅占用识别传感器 G128 的电阻很高，压力越大，电阻就越小。当压力达到约 5kg 以上，安全气囊控制单元 J234 就将座椅识别为"座椅已被占用"。当 G128 的电阻大于 430Ω 时，控制单元认为座椅未被占用；当 G128 的电阻小于 140Ω 时，控制单元认为座椅已被占用。

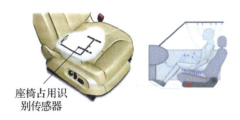

图 9-5-1 前排乘客侧座椅占用识别传感器 G128 安装位置

奥迪轿车座椅占用识别传感器在座椅未占用时，电阻约为 400Ω；如果测得电阻为 100Ω，就表示座椅上坐人了。

2. 座椅占用识别传感器结构

如图 9-5-2 所示，奥迪轿车座椅占用识别传感器 G452 和座椅占用识别垫是一个部件。座椅占用识别垫充有硅凝胶，位于前排乘客座椅的座垫下。如果前排乘客座椅被占用，则座椅占用识别垫中的压力发生变化。座椅占用识别传感器识别出该压力变化，并以电压信号形式将这一情况报告给座椅占用识别控制单元 J706。根据负重情况，电压在 0.2V（大负重）到 4.8V（小负重）之间变化。座椅占用识别控制单元向传感器提供 5V 电压。

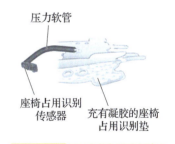

图 9-5-2 座椅占用识别传感器 G452

3. 座椅占用识别控制单元

座椅占用识别控制单元 J706 用于分析座椅占用识别传感器 G452 和座椅占用识别安全带拉紧力传感器 G453 的信号，见表 9-5-1。座椅占用识别安全带拉紧力传感器的信号用于表示安全带上的拉力有多大。借助座椅占用识别传感器的信号，座椅占用识别控制单元可识别出前排乘客座椅上负重情况。如果前排乘客座椅上负重小于 20kg，并且识别出没有安全带拉紧力或者安全带拉紧力很小，则座椅占用识别控制单元确定为"儿童座椅"，并将这一情况通知安全气囊控制单元。安全气囊控制单元关闭前排乘客正面安全气囊。

表 9-5-1　座椅占用的识别

座椅负重	安全带拉紧力	识别
小于 20kg	非常小或者没有	儿童座椅
约 25kg	非常高	儿童座椅
大于 25kg	小	成人

如果前排乘客座椅负重约 25kg，并且安全带拉紧力超过一个预定的值，则座椅占用识别控制单元识别到儿童座椅，安全气囊控制单元将前排乘客正面安全气囊关闭。

如负重大于 25kg 且安全带拉紧力很小，座椅占用识别控制单元将座椅视为被一个成人占用，前排乘客正面安全气囊保持激活状态。接通点火开关后，控制单元识别到座椅占用的变化情况，并对此做出反应。为了在行驶中不会因前排乘客座椅上出现的负重交变而导致立即停用前排乘客正面安全气囊，系统在行驶期间工作时会有一定的延迟。安装在座椅占用识别控制单元中的加速度传感器向电子装置报告汽车的运动情况。安全气囊控制单元 J234 和座椅占用识别控制单元 J706 之间的数据交换通过 LIN 数据总线进行。诊断监控由安全气囊控制单元承担。

4. 座椅占用识别系统组件

如图 9-5-3 所示，座椅占用识别系统主要由座椅占用识别垫、座椅占用识别传感器 G452、座椅占用识别控制单元 J706、前排乘客侧安全带开关 E25、座椅占用识别安全带拉紧力传感器 G453、前排乘客侧安全气囊关闭指示灯 K145 以及安全气囊控制单元 J234 等部件组成。

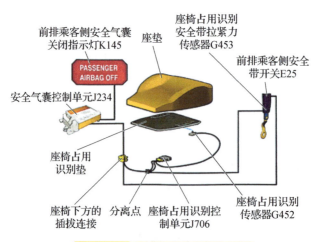

图 9-5-3　座椅占用识别系统组件

5. 座椅占用识别安全带拉紧力传感器

如图9-5-4所示,座椅占用识别安全带拉紧力传感器集成在前排乘客座椅的安全带锁中。它主要由两个可相互移动的部件和一个位于电磁铁Ⅰ和Ⅱ之间的霍尔式传感器组成。一根设定过的弹簧使这两个部件停在静止位置。在该位置上,电磁铁Ⅰ和Ⅱ对霍尔式传感器没有影响。

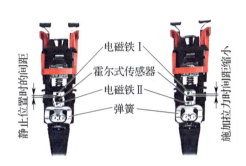

图9-5-4 座椅占用识别安全带拉紧力传感器的结构

按规定系好安全带后即在安全带锁上产生拉力,霍尔式传感器至电磁铁Ⅰ和Ⅱ之间的距离发生改变。因此,电磁铁对霍尔式传感器的影响也会改变,进而改变霍尔式传感器的电压信号。安全带锁上的拉力越大,这两个部件相对位移也越大。座椅占用识别控制单元收到这些信息,并对其加以分析。机械挡块用于确保在碰撞时传感器元件不会彼此裂开。

6. 系戴安全带识别开关

有的车型配置有系戴安全带识别开关,识别开关安装在安全带锁内,开关内有两个电阻。根据开关位置测量一个或两个电阻。通过测得的电阻,安全气囊控制单元识别出乘客是否已系安全带。结构如图9-5-5,原理如图9-5-6所示。

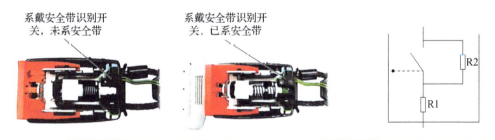

图9-5-5 系戴安全带识别开关　　　　**图9-5-6** 系戴安全带识别开关电路原理图

7. 座椅占用识别传感器检测

图9-5-7所示为速腾轿车座椅占用识别传感器电路图,相关检测如下。

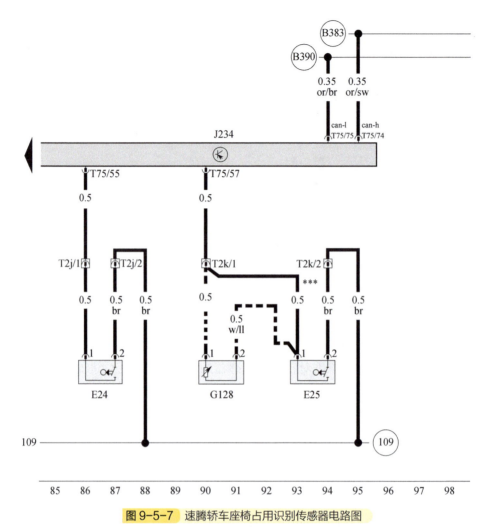

图 9-5-7 速腾轿车座椅占用识别传感器电路图

E24—驾驶人侧安全带拉紧器　E25—前排乘客侧安全带拉紧器　G128—前排乘客侧座椅占用识别传感器
J234—安全气囊控制单元，副仪表板后下方

（1）检测步骤

1）打开点火开关，检测 G128 传感器端子 1 脚与 2 脚之间的电压，应约为 5V。

2）检测 E25 的 2 脚与搭铁之间的导通性。

3）测量 E25 的电阻，标准值为 2Ω，插上开关时电阻为无穷大。

（2）工作过程分析

舒适型速腾安全气囊电控系统功能：当车辆车速超过一设定目标值，安全气囊控制单元监控到前排乘客侧座位处于占用状态（由座椅占用识别传感器 G128 识别），且前排乘客侧安全带开关未插合时，仪表将发出安全带未系提示音报警。

（3）电路分析

1）根据电路图所示，控制单元供 5V 电→座椅占用识别传感器 G128→前排乘客侧安全带拉紧器 E25 →接地。

2）当无乘客时，整个回路是闭合的，G128 和 E25 产生电压降，前排乘客通过 T75/57 电位变化进行监测（实际上前排乘客通过内部分压电阻器的电压变化进行监测）。

3）当乘客未系上安全带时（E25 闭合），G128 电阻发生变化，电压降发生变化，前排乘客通过 T75/57 的电位变化进行监测，则系统发出报警提示音。

4）当乘客系上安全带时，安全带开关 E25 将断开回路，无电压降，电位约 5V，前排乘客通过 T75/57 的电位变化进行监测。

5）座椅占用识别传感器标准电阻值见表 9-5-2。

表 9-5-2 座椅占用识别传感器标准电阻值

G128 的电阻值	分析结果
430～480Ω	座椅上未坐人
120Ω 或更小	座椅上已坐人
大于 480Ω	故障，断路

五、参考资料

序号	书名、材料名称	出版单位
1	智能汽车传感器技术	机械工业出版社
2	维修手册	一汽大众公司

学生笔记